— 읽다 보면 문해력이 저절로 —

그래서 이런 고사성어가 생겼대요

우리누리 글 | 이경석 그림

길벗스쿨

들어가며

"**일편단심**이라더니, 벌써 마음이 바뀐 거야?"
"정말 고마워! 반드시 **결초보은**할게!"

위와 같이 네 글자로 이루어진 말을 들어 본 적이 있나요?
이런 말들을 '고사성어'라고 해요. 고사성어의 '고사'는 유래가 있는 옛이야기라는 뜻이고, '성어'는 옛사람들이 만들어 낸 관용어라는 뜻입니다. 한마디로 고사성어는 옛이야기에서 유래하고 한자로 이루어진 말로, 지금까지 많은 사람들이 사용하지요.

일편단심(一片丹心)은 변하지 않는 진실한 마음이라는 뜻이에요. 결초보은(結草報恩)은 죽은 뒤에도 은혜를 잊지 않고 갚는다는 뜻이지요. 왜 이런 뜻을 담고 있는지는 고사성어의 유래를 알면 더 정확히 이해할 수 있어요. 또한 고사성어를 잘 알면 동양의 문화와 역사는 물론 옛사람들의 경험과 지혜, 교훈까지 알 수 있지요.

고사성어는 대부분 네 글자로 되어 있지만, 두세 글자이거나 더 긴 고사성어도 많아요. '**모순**'이나 '**백문불여일견**' 같은 말도 모두 고사성어이지요. 이 책은 초등학생이 알아야 할 필수 고사성어를 선별해서 그 유래를 짧은 이야기 형식으로 소개하기 때문에 다른 고사성어 책보다 알차고 재미있답니다.

이 책에서 다루는 고사성어들이 처음엔 낯설 수도 있을 거예요. 한자로 이루어진 말이라 어렵다고 느낄 수도 있고요. 그렇지만 엉뚱이와 슬기, 찬수, 세 친구가 투닥투닥하는 만화를 읽다 보면 일상생활에서 고사성어가 어떻게 쓰이는지 한 번에 깨칠 수 있습니다. 또한 각각의 한자 뜻을 상세하게 알려 줘서 초등 어휘력과 독해력에도 큰 도움을 주지요.

　고사성어 공부가 처음에는 '난공불락'처럼 보일 수 있지만 일단 시작해 보세요. 그러면 '환골탈태'해서 주위 친구들이 깜짝 놀랄 거예요. 이게 다 무슨 말이냐고요? 궁금하면 지금 바로 책을 펼쳐 보세요.

　자, 그럼 흥미진진한 고사성어의 유래 속으로 함께 들어가 볼까요?

-우리누리

차례

들어가며 2

 1장 세상의 이치가 담긴 고사성어

모순 8
단장 10
시시비비 12
소탐대실 14
대기만성 16
새옹지마 18
동상이몽 20
오십보백보 22
설상가상 24
동병상련 26
가정맹어호 28
공수래공수거 30

 2장 역사 속 재미있는 고사성어

일편단심 34
두문불출 36
함흥차사 38
토사구팽 40
결초보은 42

도원결의 44
삼고초려 46
감탄고토 48
풍전등화 50
면목 52
백미 54
다다익선 56
칠종칠금 58

 3장 지혜를 일깨우는 고사성어

맹모삼천 62
백문불여일견 64
어부지리 66
각주구검 68
견물생심 70
역지사지 72
과유불급 74
무용지물 76

 4장 의지와 결심을 나타내는 고사성어

형설지공 80

입신양명 82
개과천선 84
우공이산 86
와신상담 88
임전무퇴 90
지피지기 백전백승 92
배수진 94
난공불락 96
노익장 98
용두사미 100

 5장 성격과 행동을 나타내는 고사성어

감언이설 104
표리부동 106
적반하장 108
안하무인 110
자화자찬 112
외유내강 114
환골탈태 116
후안무치 118
아전인수 120
인면수심 122
오월동주 124

배은망덕 126
수수방관 128
지록위마 130

 6장 알고 보면 재미있는 고사성어

화룡점정 134
조삼모사 136
오리무중 138
지음 140
계륵 142
파경 144
완벽 146
일거양득 148
군계일학 150
인산인해 152
상전벽해 154
무릉도원 156

찾아보기 158

일러두기

- 고사성어의 뜻은 국립국어원 『표준국어대사전』을 주로 참고해 풀이했어요.
- 고사성어를 이루는 각각의 한자에는 여러 가지 뜻이 있어요. 한자의 뜻은 『표준국어대사전』과 『네이버 한자사전』을 주로 참고했으며, 유래와 관련한 대표 뜻을 우선해서 수록했어요.
- 고사성어의 유래는 오래전부터 전해 내려오는 이야기이기 때문에 자료마다 전해지는 내용이 조금씩 달라요. 더 궁금한 내용은 맨 마지막 페이지의 참고 자료를 살펴보거나 직접 조사해 보세요.

1장
세상의 이치가 담긴 고사성어

모순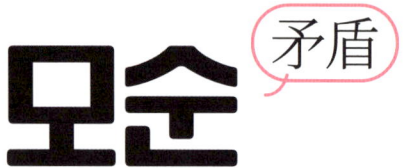

앞뒤가 서로 맞지 않는 말이나 행동

- **모순** : 矛 창 **모** | 盾 방패 **순**
- (겉뜻) 창과 방패.
- (속뜻) 앞뒤가 서로 맞지 않는 말이나 행동.
- (예문) 우리 사회의 구조적 모순 때문에 그런 사건이 벌어졌다.

옛날 중국 초나라에 창과 방패를 파는 장사꾼이 있었습니다. 그는 시장에 무기를 죽 늘어놓은 뒤, 멋진 무술 동작을 보여 주며 통나무를 겨냥해 창을 힘껏 던졌어요. 날카로운 창끝이 닿자마자 두툼한 통나무가 그대로 뚫려 버렸지요.

"이 창은 무엇이든 뚫을 수 있는 창입니다. 세계 최고지요."

"우아! 정말 멋지네."

구경하던 사람들은 너도나도 창을 만져 봤어요. 신이 난 장사꾼이 이번엔 방패를 가져왔어요.

"이 방패도 세계 최고입니다. 어떤 창이라도 막을 수 있지요."

사람들은 장사꾼의 말에 고개를 끄덕였어요.

"전쟁이 났을 때 저 창과 방패만 있으면 살아 돌아올 수 있겠군."

"그러게 말이야. 당장 사 놔야겠어!"

그때 어떤 사람이 장사꾼에게 큰 소리로 물었어요.

"그럼 그 창을 그 방패에 던지면 어떻게 되는 거요?"

이 말에 장사꾼은 꿀 먹은 벙어리가 되고 말았어요. 무엇이든 뚫을 수 있는 창과 어떤 창이든 막을 수 있는 방패가 동시에 있을 수는 없기 때문이지요.

"뭐야! 거짓말이었어?"

"사기꾼이군!"

부끄러워진 장사꾼은 그 자리를 얼른 피했어요. 그 뒤로 사람들은 앞뒤 말의 이치가 맞지 않는 경우에 창 모(矛)에 방패 순(盾) 자를 써서 '모순'이라고 말했답니다.

단장 斷腸

몹시 슬퍼서 창자가 끊어지는 듯함

- **단장**: 斷 끊을 **단** | 腸 창자 **장**
- **겉뜻** 창자가 끊어지다.
- **속뜻** 창자가 끊어질 만큼 몹시 슬프다.
- **예문** 오랫동안 키우던 강아지가 죽어서 단장의 슬픔을 느꼈다.
- **비슷한 말**: 단장지애(斷腸之哀)
- **뜻** 장이 끊어질 듯한 슬픔이라는 뜻으로, 자식을 잃은 부모의 슬픔을 이르는 말.

옛날 중국에 환온이라는 사람이 배를 타고 촉나라로 가고 있었어요. 양쯔강의 삼협이라는 곳에서 잠시 쉴 때였어요. 환온의 시종이 배에서 내려 숲속으로 들어가더니 새끼 원숭이 한 마리를 품에 안고 돌아왔습니다.

잠시 후, 배가 다시 출발했을 때였어요. 끽끽대며 우는 소리가 들려 돌아보니 어미 원숭이가 강가를 따라 배를 쫓고 있었어요.

"저러다 말겠지. 갈 길이 급하니 어서 가세."

뱃사공을 재촉하여 배는 빠른 속도로 움직였습니다. 그러나 어미는 끝까지 배를 따라와 마침내 배 안으로 뛰어들었어요.

"원숭이가 뛰어들었다!"

"새끼를 찾으러 온 거야!"

어미 원숭이는 새끼를 찾자마자 꼭 껴안고는 움직이지를 않았어요. 환온이 어미 원숭이를 살펴보니 숨이 끊어져 있지 뭐예요.

"별일도 다 있군. 갑자기 왜 죽었지?"

이상하게 생각한 사람들은 죽은 어미 원숭이의 배를 갈라 보았어요. 그랬더니 놀랍게도 배 속의 창자가 마디마디 끊겨 있었습니다.

"세상에! 창자가 끊어져 죽었어. 대체 이유가 뭘까?"

"새끼를 잃은 슬픔이 너무 커서 창자가 끊어진 거야."

환온은 이 일을 잊을 수 없었어요. 새끼 원숭이를 데려온 시종도 크게 뉘우쳤지요.

그 뒤로 사람들은 몹시 슬픈 일을 당했을 때, 너무 슬퍼서 창자가 끊어지는 듯하다는 뜻으로 '단장'이라고 말했답니다. 끊을 단(斷)에 창자 장(腸) 자를 쓰지요.

시시비비 是是非非

옳고 그름을 따지다

- **시시비비**: 是 옳을 **시** | 是 옳을 **시** | 非 아닐 **비** | 非 아닐 **비**

뜻① 여러 가지 잘잘못.
예문 지금 시시비비를 따지기보다는 문제를 해결하는 게 급선무다.

뜻② 옳고 그름을 따지며 다툼. 또는 옳고 그름을 분명하게 한다는 뜻.
예문 시시비비는 점차 주먹싸움으로 번졌다.

비슷한 말: 왈가왈부, 가타부타

조선 순조 때, 강원도 영월 땅에 김병연이라는 선비가 살았어요. 김병연은 과거에 급제하여 높은 벼슬에 오르겠다는 꿈을 품고 있었답니다. 그런데 무슨 까닭인지 어머니는 그에게 농사나 지으며 조용히 살라고 말했어요.

'어머니는 왜 자꾸 글공부를 하지 말라고만 하실까?'

그러던 어느 날, 과거를 보려고 어머니 몰래 한양으로 올라간 김병연은 김익순이라는 역적을 조롱하는 글을 적어서 장원 급제를 했어요. 그런데 얼마 뒤에 그는 자기 이름을 '김립(김삿갓)'으로 바꾸고 모습을 감춰 버렸지요. 놀랍게도 김익순이 바로 김병연의 할아버지였기 때문이에요. 할아버지가 역적으로 몰리는 바람에 집안 남자들이 다 죽임을 당하자 어머니가 김병연만 데리고 몰래 숨어 살고 있었던 것이죠. 그제야 김병연은 어머니가 왜 글공부를 하지 말라고 했는지 이해할 수 있었어요.

"아, 부끄럽도다. 내 할아버지를 조롱해서 장원 급제를 하다니!"

김삿갓은 전국 방방곡곡을 다니며 많은 시를 남겼는데, 특히 「시시비비」라는 시가 유명해요.

"이 세상에서 완전히 옳은 것과 완전히 잘못된 것을 나눌 수 있는가? 그것은 불가능하다네."

이 세상을 옳은 것과 그른 것으로 나눌 수 없다는 뜻이었지요.

옳을 시(是)에 아닐 비(非)를 쓰는 '시시비비'는 원래 중국의 고사성어로 옳고 그름을 분명히 한다는 뜻이에요. '시시비비를 가리다'라는 표현으로 자주 쓰이지요.

소탐대실 〈小貪大失〉

작은 것을 탐하다가 큰 것을 잃음

- **소탐대실**: 小 작을 **소** | 貪 탐할 **탐** | 大 큰 **대** | 失 잃을 **실**
- **뜻** 작은 것을 욕심내다가 큰 것을 잃는다는 뜻.
- **예문** 고작 배송비를 아끼겠다고 필요 없는 물건을 그렇게 많이 사다니, 소탐대실이다.
- **비슷한 속담**: 벼룩 잡으려다 초가삼간 다 태운다.

"촉나라 수도로 들어가는 길을 도무지 알 수가 없구나!"

중국 진나라의 혜왕은 촉나라 지도를 보면서 늘 고민했어요. 촉나라를 공격하고 싶은데 촉나라의 수도로 가는 길을 아는 사람이 없었기 때문이에요.

혜왕의 고민을 눈치챈 어느 지혜로운 신하가 말했어요.

"폐하, 촉나라 왕은 금은보화에 욕심이 많다고 하옵니다. 그 점을 이용하여 길을 알아낼 수 있습니다."

"어떻게?"

"우선 옥을 다듬어 소를 만들어 주시옵소서."

신하의 말에 따라 혜왕은 옥으로 커다란 소를 조각하게 했어요. 그리고 그 소 안에 돈과 비단을 잔뜩 넣어 촉왕에게 선물할 것이라는 소문을 흘렸지요.

이 소문은 촉나라 왕의 귀에까지 들어갔어요.

"진나라 왕이 과인에게 그런 보물을 선물하려 한다고? 그 소를 얼른 보고 싶구나. 여봐라! 한시바삐 그 소를 볼 수 있도록 길을 터야 할 것이다. 산을 깎고 계곡을 묻어서라도 길을 넓혀라!"

많은 신하들이 말렸지만 욕심에 눈이 먼 촉나라 왕은 막무가내였어요. 그리고 진나라 군대는 촉나라 왕이 넓혀 놓은 길을 따라 쳐들어가 전쟁에서 크게 이겼답니다.

그 뒤로 작은 것을 욕심내다가 큰 것을 잃는 경우를 두고 작을 소(小), 탐할 탐(貪), 큰 대(大), 잃을 실(失) 자를 써서 '소탐대실'이라 일컬었어요. 물론 지금도 널리 쓰이는 고사성어랍니다.

대기만성 　大器晚成

크게 될 사람은 늦게 이루어짐

- **대기만성**: 大 큰 **대** | 器 그릇 **기** | 晚 늦을 **만** | 成 이룰 **성**
- (겉뜻) 큰 그릇을 만드는 데는 시간이 오래 걸린다.
- (속뜻) 크게 될 사람은 늦게 이루어진다.
- (예문) 그 배우는 오랜 무명 시절을 보내고 나이 마흔에 연기력을 인정받은 대기만성의 전형이다.

최염의 집은 아침 일찍부터 축하 인사를 하러 오는 사람들로 북적댔어요. 최염이 장군으로 뽑혀 높은 벼슬에 올랐기 때문이지요.

"어릴 때부터 똑똑하고 무술도 잘하더니, 이렇게 큰 인물이 되려고 그랬나 봐요."

"아무렴. 우리 마을뿐 아니라 위나라 전체의 자랑이지."

인사하러 온 사람들 중에는 최염의 사촌 동생 최림도 있었어요. 둘은 어려서부터 사이좋게 지내며 함께 공부한 사이였어요.

그런데 사람들이 최림을 보고 수군거렸어요.

"사촌 형제인데 둘이 너무 다르지 않아?"

"인물도, 키도, 능력도 최염 장군과 비교되는군."

최림의 얼굴빛이 어두워지자, 최염은 최림을 데리고 조용히 뒤뜰로 나왔어요.

"림아! 사람들 말 때문에 속상하지? 그렇지만 마음에 두지 마라. 내가 누구보다 너를 잘 아니까."

"……형님!"

"큰 종이나 큰 솥은 그렇게 쉽게 만들어지지 않는 법이란다. 마찬가지로 큰 인물도 성공하려면 오랜 시간이 걸릴 뿐이지. 대기만성! 넌 앞으로 큰 그릇이 될 사람이니 힘내거라!"

훗날 최림은 황제를 도와 나라에서 중요한 일을 하는 높은 관리가 되었답니다.

큰 대(大), 그릇 기(器), 늦을 만(晚), 이룰 성(成) 자를 쓰는 '대기만성'은 큰 그릇을 만들려면 시간이 오래 걸리듯이, 크게 될 사람은 잘되기까지 시간이 오래 걸린다는 뜻이에요.

새옹지마 塞翁之馬

인생의 길흉화복은 변화가 많아서 예측하기가 어려움

- **새옹지마**: 塞 변방 **새** | 翁 늙은이 **옹** | 之 어조사 **지** | 馬 말 **마**
- (겉뜻) 변방에 사는 노인의 말.
- (속뜻) 인생의 길흉화복은 변화가 많아서, 어떤 일이 화가 될지 복이 될지 알 수 없다는 뜻.
- (예문) 인간사는 새옹지마이다.

옛날 중국 변두리 마을에 한 노인이 아들과 함께 살았어요. 그런데 하루는 정성껏 기르고 있던 말이 멀리 달아나 버리고 말았어요.

"팔면 큰돈을 벌 수 있었을 텐데, 너무 아깝네요."

이웃의 말에 노인은 덤덤한 얼굴로 대꾸했어요.

"이 일이 복이 될지 누가 알겠습니까?"

그 뒤로 몇 달이 지난 어느 날, 도망쳤던 말이 암말 한 필과 함께 돌아왔어요. 이웃들은 신기해하며 자기 일처럼 축하해 주었지요.

"말씀하신 것처럼 화가 복이 되었네요."

그러나 노인은 평소처럼 덤덤할 뿐이었어요.

"이게 화가 될지 누가 알겠소?"

며칠 후, 노인의 아들이 말을 타다가 떨어지는 바람에 그만 다리가 부러졌어요. 마을 사람들이 모두 걱정해 주자, 노인은 여느 때처럼 "이게 복이 될지도 모르는 일이오." 하며 표정을 바꾸지 않았어요. 그리고 나서 얼마 후 나라에 전쟁이 일어나 건강한 마을 젊은이들은 모두 전쟁터로 나가게 되었어요.

"아들 다리가 부러졌을 때만 해도 안됐다고 생각했는데 그 덕분에 전쟁에 나가지 않았으니, 노인은 마음이 편안하겠군."

"정말로 복이 화가 되고, 화가 다시 복이 되네."

이웃들은 이렇게 말하며 노인을 부러워했어요. 그 뒤로 사람들은 좋은 일이나 나쁜 일이 생길 때면 변방 새(塞), 늙은이 옹(翁), 어조사 지(之), 말 마(馬) 자를 써서 '새옹지마'라고 말했어요. 인간의 삶에는 좋은 일이 있으면 나쁜 일도 있고 변화가 많으니, 매사에 너무 좋아하거나 너무 슬퍼할 필요가 없다는 뜻이에요.

동상이몽 同牀異夢

겉으로는 같이 행동하지만 속으로는 각자 딴생각을 하고 있음

- **동상이몽**: 同 같을 동 | 牀 평상 상 | 異 다를 이 | 夢 꿈 몽
- (겉뜻) 같은 자리에서 자면서도 다른 꿈을 꾼다.
- (속뜻) 겉으로는 같은 행동을 하지만 속으로는 각각 딴생각을 하고 있다는 뜻.
- (예문) 저들은 서로 친해 보여도 각자 다른 목적이 있어 동상이몽을 하고 있다.

중국 남송 때 진량이라는 사람이 있었어요. 그는 늘 나라와 백성을 생각하며 고민했지요. 그 무렵 남송은 여러모로 위기에 놓여 있었어요. 여진족이 금나라를 세워 남송을 호시탐탐 노렸고, 몽골은 통일 제국을 세워 힘을 키워 가고 있었거든요.

"이대로 가다간 우리 남송이 망할지도 몰라."

나라의 위기를 모른 척할 수 없었던 진량은 자기와 뜻이 맞을 듯한 사람들을 찾아다니며 함께 나라를 강하게 만들자고 설득했어요.

"좋소, 같이합시다."

"그런 일이라면 함께하겠소."

뜻을 같이하는 사람들이 늘자 진량은 기뻤어요. 그런데 얼마 후에 문제가 생겼어요. 알고 보니 모두 자기 이익만 생각한 거예요.

"같이 일하려면 돈이 필요하니, 폐하께 땅을 더 달라고 해 주시오."

"무기는 내가 아는 상인을 통해서 사면 좋겠소."

"나는 더 높은 벼슬을 받아야겠소."

진량은 크게 실망했어요. 순수하게 나라만 생각하는 사람이 없었기 때문이지요.

"같은 자리에서 서로 다른 꿈을 꾸다니! 모두 동상이몽이로구나."

그 뒤로 겉으로는 같은 행동을 하지만 속으로는 서로 다른 생각을 하는 경우를 두고 같을 동(同), 평상 상(牀), 다를 이(異), 꿈 몽(夢) 자를 써서 '동상이몽'이라고 말하게 되었답니다.

오십보백보 　五十步百步

조금 차이는 있지만 본질은 같다

- **오십보백보**: 五 다섯 **오** | 十 열 **십** | 步 걸음 **보** | 百 일백 **백** | 步 걸음 **보**
- **겉뜻** 오십 보를 도망간 사람이나 백 보를 도망간 사람이나 도망간 사실에는 큰 차이가 없다.
- **속뜻** 조금 낫고 못한 정도의 차이는 있지만 본질적으로는 차이가 없음을 이르는 말.
- **예문** 49등이나 50등이나 오십보백보다.
- **비슷한 속담** 그 밥에 그 나물, 도토리 키 재기

옛날 중국 양나라의 혜왕은 나라를 아주 강하게 만들고 싶었어요.

"나라가 강하려면 백성이 많아야 하는데, 백성의 수를 늘릴 방법이 없겠소?"

"폐하, 백성들은 대부분 가난하니, 식량을 조금 나눠 주면 이웃 나라 백성들이 우리 양나라로 건너올 것입니다."

"옳거니! 당장 그렇게 하거라!"

이리하여 양나라는 백성들에게 식량을 조금씩 나눠 주었어요. 그러나 몇 년이 지나도록 양나라로 건너오는 이웃 나라 백성은 한 명도 없었지요. 혜왕은 대학자인 맹자를 찾아가 고민을 털어놓았어요. 그러자 맹자는 엉뚱하게도 전쟁 이야기를 했습니다.

"전쟁에서 어떤 군대가 백 보를 도망갔습니다. 그때 다른 군대는 오십 보를 도망갔지요. 만약 오십 보 도망간 군대가 백 보 도망간 군대를 보고 비겁하다고 놀린다면 뭐라고 말씀하시겠습니까?"

"참으로 어리석도다! 오십 보든 백 보든 도망간 건 똑같지 않소?"

혜왕이 대답하자 맹자가 고개를 끄덕이며 말했어요.

"폐하의 말씀이 맞습니다. 백성도 이와 같습니다. 약간 잘해 주든 약간 못해 주든, 힘들게 살기는 마찬가지입니다. 자기 나라에 있건 양나라로 건너가건 큰 차이가 없으니, 이웃 나라 백성들이 굳이 폐하의 나라로 오지 않는 것입니다."

혜왕은 자기가 몇 년 동안 한 일이 백성들에게 큰 도움이 되지 않았다는 사실을 깨달았어요. 그 뒤 '오십보백보'는 조금 차이는 있지만 결국은 똑같다는 뜻으로 쓰이게 됐답니다.

설상가상 雪上加霜

난처한 일이나 불행한 일이 잇따라 일어남

- **설상가상**: 雪 눈 설 | 上 위 상 | 加 더할 가 | 霜 서리 상
- (겉뜻) 눈 위에 서리가 덮이다.
- (속뜻) 난처한 일이나 불행한 일이 잇따라 일어남.
- (예문) 약속 시간에 늦었는데 설상가상으로 길까지 막혔다.
- 비슷한 말: 엎친 데 덮친 격

옛날 중국에 대양화상이라는 스님이 살았어요. 대양화상은 사람의 속마음을 꿰뚫어 보는 신기한 능력이 있었지요. 그는 바른 마음으로 부처님을 섬겨야 한다고 스님들을 가르쳤어요.

"인품이 훌륭하셔서 마치 부처가 살아 오신 것 같아."

스님들은 대양화상처럼 되고 싶은 마음에 열심히 불경을 읽고 기도하며 하루하루를 보냈습니다.

그러던 어느 날, 한 스님이 마음을 굳게 먹고 대양화상을 찾아갔어요. 그동안 열심히 수도했으니, 대양화상 앞에 가서 눈을 마주쳐도 부끄럽지 않다고 생각했거든요. 그러나 대양화상은 그 스님의 겸손하지 않은 마음을 한눈에 알아보았답니다.

"그대는 앞만 볼 줄 알고 뒤를 돌아볼 줄 모르는구나."

남 앞에 드러나는 것만 중요하게 여기고, 보이지 않는 곳에서는 수양을 소홀히 하는 태도를 꾸짖는 말이었지요. 그러나 스님은 대양화상의 말을 고깝게 여기고 이렇게 말했어요.

"설상가상! 눈 위에 다시 서리를 더하는 말씀이십니다."

눈 설(雪), 위 상(上), 더할 가(加), 서리 상(霜) 자를 쓰는 '설상가상'은 눈 위에 서리가 덮인다는 뜻으로, 여기에서는 '쓸데없는 말을 더한다'라는 의미였지요.

설상가상은 세월이 흐르면서 본래 뜻이 점점 사라져 버렸어요. 지금은 '좋지 않은 일이 잇따라 일어나는 것'을 뜻한답니다.

동병상련 同病相憐

어려운 처지에 있는 사람끼리 서로 가엾게 여김

- **동병상련**: 同 같을 동 | 病 병 병 | 相 서로 상 | 憐 불쌍히 여길 련
- (겉뜻) 같은 병을 앓는 사람끼리 서로 가엾게 여기다.
- (속뜻) 어려운 처지에 있는 사람끼리 서로 가엾게 여김을 이르는 말.
- (예문) **동병상련**이라고, 어려운 처지를 당해 봐야 남을 생각할 줄도 안다.
- (비슷한 속담) 과부 사정은 홀아비가 안다.

옛날 중국 오나라의 왕 합려는 오자서라는 신하를 퍽 아꼈어요.

"오자서 그대가 아니었다면 어찌 내가 왕이 될 수 있었겠소? 소원이 있으면 말해 보시오."

그러자 오자서가 자기 옆에 서 있는 백희를 바라보았어요.

"이번에 초나라에서 억울한 일을 당하고 온 백희에게 벼슬을 내려 주시옵소서."

"어찌하여 백희인가?"

"제가 백희에게 동병상련을 느끼기 때문입니다. 백희의 아버지를 죽인 자가 바로 초나라의 비무기입니다."

같을 동(同), 병 병(病), 서로 상(相), 불쌍히 여길 련(憐) 자를 쓰는 '동병상련'은 처지가 비슷한 사람끼리 서로 딱하게 여긴다는 뜻이에요. 오자서의 아버지와 형을 죽인 사람 또한 비무기였기 때문에 서로 같은 아픔이 있었던 거예요.

합려는 오자서의 말을 듣고 백희에게 높은 벼슬을 내렸어요.

그런데 이 이야기에는 놀라운 반전이 있었어요. 오자서는 백희를 친형제처럼 대했지만 오자서의 친구는 백희를 볼 때마다 기분이 찜찜했어요.

"여보게, 나는 저 사람을 보면 왠지 마음이 불안하다네. 너무 잘해 주지 말게나."

"백희와 나는 같은 사람에게 가족을 잃었다네. 그래서 얼마나 힘들지 알기 때문에 잘 대해 주고 싶어."

오자서는 이렇게 백희에게 동병상련을 느꼈지만, 끝내 백희에게 죽임을 당했어요. 백희는 오나라의 적국인 월나라의 첩자였거든요.

가정맹어호

苛政猛於虎

가혹한 정치는 호랑이보다 무섭다

- **가정맹어호**
  苛 가혹할 **가** | 政 정사 **정** | 猛 사나울 **맹** | 於 어조사 **어** | 虎 호랑이 **호**

- **겉뜻** 가혹한 정치는 호랑이보다 무섭다.
- **속뜻** 혹독한 정치는 사람들에게 큰 폐를 끼친다.
- **예문** 가정맹어호와 같은 정치 때문에 결국 백성들이 들고일어났다.

- **비슷한 고사성어:** 가렴주구(苛斂誅求)
  - **뜻** 세금을 가혹하게 거두고 백성의 재물을 억지로 빼앗다.

옛날에 공자가 제자들과 함께 태산을 지날 때였어요. 당장이라도 산짐승이 튀어나올 듯한 그곳에서 어떤 부인이 울고 있었지요. 부인 앞에는 무덤이 세 개 있었고요.

"이런 산속에 여인이 울고 있구나. 무슨 사연인지 물어보아라."

그래서 제자 가운데 자로가 그 부인에게 다가가 조심스레 물었어요.

"슬픔이 너무나 커 보이십니다. 누가 세상을 떠나셨나요?"

부인은 눈물을 닦으며 대답했어요.

"저희 가족은 산속에서 살고 있었는데, 몇 달 전에 제 시아버지께서 범에게 잡혀 돌아가셨습니다. 그러더니 제 남편마저 똑같이 죽고 말았지요. 그런데 이번엔 제 자식이 또 범에게 잡혀 죽고 말았습니다."

"그런데 어째서 이 무서운 산속을 떠나지 않는 것이오?"

그러자 부인이 몹시 두려워하며 말했습니다.

"마을의 가혹한 탐관오리들이 호랑이보다도 더 무섭기 때문입니다."

이 말을 전해 들은 공자는 고개를 크게 끄덕이며 제자들에게 말했어요.

"가정맹어호로구나! 명심하거라. 가혹한 정치는 호랑이보다 무섭다는 것을."

가혹할 가(苛), 정사 정(政), 사나울 맹(猛), 어조사 어(於), 호랑이 호(虎) 자를 쓰는 '가정맹어호'는 가혹한 정치의 문제점을 꼬집는 고사성어랍니다.

공수래공수거

空手來空手去

너무 욕심을 부리며 살 필요가 없음

○ **공수래공수거**
空빌**공** | 手손**수** | 來올**래** | 空빌**공** | 手손**수** | 去갈**거**

겉뜻 빈손으로 왔다가 빈손으로 간다는 뜻.
속뜻 재물이나 권세 따위에 욕심을 부릴 필요가 없음을 이르는 말.
예문 인생은 공수래공수거이니 너무 욕심 부리며 살지 말자.

옛날에 어느 유명한 부자가 세상을 떠나자, 일가친척과 친구들이 장례식에 문상을 왔어요. 그런데 그의 관 모양이 조금 희한했어요. 크기가 보통 관보다 조금 작고, 관 양쪽에 구멍이 뚫려서 시신의 손이 관 밖으로 삐죽 나와 있지 뭐예요.

"이게 무슨 일이냐? 시신의 손이 관 밖으로 나오다니!"

친척들은 아들을 불러 혼을 냈어요. 아들은 난처한 얼굴로 머뭇거리다가 대답했어요.

"실은 아버님의 유언이었습니다."

"유언? 세상에 그런 유언이 어디 있느냐?"

"많은 재산을 모아서 부자로 살았지만, 인생이란 태어날 때도 빈손이고 갈 때도 빈손이라는 것을 보여 주겠다며 관을 이렇게 만들라고 하셨습니다."

이 말에 사람들은 큰 깨달음을 얻었어요. '공수래공수거'라는 불교의 가르침을 잘 나타냈기 때문이지요.

빌 공(空), 손 수(手), 올 래(來), 빌 공(空), 손 수(手), 갈 거(去) 자를 쓰는 '공수래공수거'는 '빈손으로 왔다가 빈손으로 간다'라는 뜻이에요. 사람들은 대부분 더 많이 갖고 싶어 하고 더 높은 자리에 오르고 싶어 해요. 그러나 아무리 많이 가졌어도 죽을 때는 아무것도 가져갈 수 없지요. 그러니 재물이나 권세 따위에 너무 욕심을 부리지 말라는 뜻에서 생겨난 말이랍니다.

2장 역사 속 재미있는 고사성어

일편단심 一片丹心

진심에서 우러나오는 변치 않는 마음

- 일편단심 : 一 한 일 | 片 조각 편 | 丹 붉을 단 | 心 마음 심
- 겉뜻) 한 조각 붉은 마음.
- 속뜻) 진심에서 우러나오는 변치 않는 마음을 이르는 말.
- 예문) 그 애는 너를 일편단심으로 좋아한다.

고려의 관리 이성계와 정몽주는 누구보다 친한 사이였어요. 둘은 고려를 위해 충성을 다하기로 맹세했지요. 그러나 이성계가 정도전과 함께 새로운 나라를 세우려 하면서 둘 사이가 벌어졌어요.

"이보게 몽주! 고려는 이제 희망이 없네. 함께 새로운 나라를 세워 보지 않겠나?"

"고려를 개혁하는 일이라면 목숨도 아깝지 않지만, 멸망시키는 일은 절대로 할 수 없네!"

정몽주를 설득하지 못하자 이성계는 고민에 빠졌어요. 그러자 이성계의 다섯째 아들 이방원이 말했어요.

"제가 아버님을 위해 정몽주를 죽이겠습니다!"

"안 된다! 그에게 손을 대면 용서하지 않겠다!"

이성계는 아들을 꾸짖었어요.

이방원은 정몽주를 따로 만나 그의 마음을 넌지시 떠보았어요. 마음만 돌이킨다면 살려 줄 생각이었지요. 그러나 정몽주는 「단심가」라는 시조를 지어 자신의 마음을 '일편단심'이라고 표현했어요. 한 일(一), 조각 편(片), 붉을 단(丹), 마음 심(心) 자를 써서 '한 조각 붉은 마음'이라는 뜻이에요. 고려에 대한 결코 변하지 않는 충성심을 나타내는 말이었지요.

정몽주의 마음을 확인한 이방원은 그날 밤 선죽교에서 정몽주를 죽였어요. 지금도 비가 오는 날이면 선죽교에 정몽주의 피가 보인다는 전설이 내려오고 있답니다. 그 뒤로 사람들은 변하지 않는 진실한 마음을 '일편단심'이라고 표현했어요.

두문불출 杜門不出

집에만 있으면서 사회생활을 하지 않음

○ 두문불출: 杜 막을 두 | 門 문 문 | 不 아닐 불 | 出 날 출

뜻① 집에만 있고 바깥출입을 하지 않음.
(예문) 아들은 방문을 굳게 닫고 사람들과 접촉을 끊은 채 두문불출했다.

뜻② 집에 은거하면서 관직에 나가지 않거나 사회생활을 하지 않는 것을 비유적으로 이르는 말.
(예문) 그 사람은 능력이 뛰어난데도 일을 하지 않고 두문불출했다.

1392년, 이성계가 고려를 무너뜨리고 조선을 건국하자 고려의 충신들은 깜짝 놀랐어요.

"오백 년을 이어 온 고려가 사라지다니!"

"이성계를 어찌 왕으로 섬긴단 말이오!"

충신들의 마음은 아랑곳없이 조선의 임금이 된 이성계는 수도를 한양으로 옮긴 뒤, 고려의 관리들을 궁으로 불러 벼슬을 내렸어요.

"조선을 위해 충성하라!"

많은 신하들이 이성계의 명령에 따랐지만, 새로운 임금을 섬길 수 없다고 한 고려의 충신들도 있었어요. 고려의 충신 72명은 관복을 모두 벗어서 소나무 가지에 걸어 놓았어요. 그러고는 황해도 광덕산 골짜기에 있는 '두문동'으로 들어가 버렸지요.

이 사실을 알고 이성계는 불같이 화를 냈어요.

"당장 저들을 끌어오너라!"

이성계의 다섯째 아들 이방원이 군사를 거느리고 두문동으로 갔지만 아무도 밖으로 나오지 않았어요. 그러자 이방원은 불화살을 쏘라고 군사들에게 명령했어요. 그러면 충신들이 밖으로 뛰쳐나오리라고 생각했지요.

"두 임금을 섬길 수는 없소! 여기서 나가지 않을 것이오!"

끝내 두문동 밖으로 나오지 않은 충신들은 모두 목숨을 잃고 말았답니다. 이 사건이 유래가 되어, 문밖으로 나가지 않고 집 안에만 있는 것을 막을 두(杜), 문 문(門), 아닐 불(不), 날 출(出) 자를 써서 '두문불출'이라고 표현하게 되었어요.

함흥차사 咸興差使

심부름을 가서 오지 않는 사람

- **함흥차사**: 咸 다 함 | 興 일어날 흥 | 差 보낼 차 | 使 사신 사
- (겉뜻) 함흥에 갔다가 돌아오지 않는 사신.
- (속뜻) 심부름을 가서 오지 않거나 늦게 온 사람을 이르는 말.
- (예문) 아들에게 심부름을 시켰는데, 오락실로 샜는지 함흥차사다.
- 비슷한 말: 감감무소식
- (뜻) 소식이나 연락이 전혀 없는 상태.

조선을 건국한 태조 이성계는 막내아들 이방석을 다음 왕위를 이을 세자로 정했어요. 그러자 다섯째 아들 이방원은 화가 나서 참을 수 없었어요. 조선을 세울 때 가장 공이 큰 사람이 자기라고 생각했기 때문이에요. 그래서 막냇동생을 죽이고 말았지요.

그러자 큰 충격을 받은 이성계는 고향인 '함흥'으로 내려가 버렸어요. 이방원은 성격이 온순한 둘째 형을 조선 2대 임금인 '정종'으로 즉위시키고 자신은 스스로 세자가 되었어요. 정종은 이방원이 무서워서 3년 뒤에 세자에게 왕위를 물려주었어요. 이렇게 해서 이방원이 조선 3대 임금인 '태종'이 되었답니다.

태종은 함흥에 있는 아버지를 다시 궁으로 모셔 오려고 노력했어요. 유교 국가인 조선에서는 '효'를 중요하게 여겼는데, 정작 왕이 자기 아버지를 모시지 못하고 있으니 몹시 부끄러웠기 때문이에요.

"누가 함흥에 차사로 가겠소?"

태종이 물었지만 나서는 사람이 없었어요. 차사가 되어 함흥에 가면 아무도 살아 돌아오지 못했거든요. 태종을 향한 분노가 가득한 이성계가 차사들을 모조리 활로 쏘아 죽였기 때문이에요.

이때 이성계의 옛 친구 박순이 차사로 가겠다고 나섰어요. 박순을 만난 이성계는 아주 반가워했지만 차사가 되어 왔다는 말에 크게 실망했어요. 그렇다고 친구를 죽이고 싶지는 않아서 서둘러 떠나보냈지요. 그런데 이성계의 부하들이 뒤쫓아가 끝내 박순의 목숨을 빼앗고 말았어요.

이때부터 심부름을 갔다가 시간이 지나도 돌아오지 않거나 소식이 없는 사람을 두고 '함흥차사'라고 일컬었답니다.

토사구팽 兎死狗烹

필요할 때는 쓰고 필요 없을 때는 야박하게 버림

- **토사구팽**: 兎 토끼 **토** | 死 죽을 **사** | 狗 개 **구** | 烹 삶을 **팽**
- **겉뜻** 토끼가 죽으면 토끼를 잡던 사냥개도 필요 없어져 주인에게 삶아 먹히게 된다.
- **속뜻** 필요할 때는 쓰고 필요 없을 때는 야박하게 버리는 경우를 이르는 말.
- **예문** 몸이 아픈 날이 많아지자 회사에서 토사구팽을 당했다.
- **비슷한 속담**: 달면 삼키고 쓰면 뱉는다.

조선의 3대 임금인 태종 이방원은 본래 왕이 될 운명이 아니었어요. 이방원의 동생이 왕이 될 예정이었지만 그의 능력과 주변 사람들의 도움으로 왕위에 오를 수 있었지요. 그러나 태종은 자기를 도운 사람들에게 상을 내리기는커녕 오히려 역적이라는 누명을 씌웠어요. 부인인 원경왕후의 아우들도 마찬가지 신세였어요.

"내 아우들이 대체 무슨 잘못을 했습니까? 전하를 도운 죄밖에 없습니다."

"그들에게는 강한 군사들이 있지 않소? 살려 두면 왕위를 노리는 사람이 늘어날 것이오."

"이것은 토사구팽입니다. 실컷 이용하고 나서 버리다니요!"

사실 '토사구팽'은 중국의 고사성어예요.

한나라의 장군 한신은 유방이 천하를 통일할 때 그를 도와 큰 공을 세웠어요. 그런데 한신의 힘이 점점 강해지자 유방은 불안했어요. 마음만 먹으면 자기를 죽이고 한나라를 차지할 수도 있을 테니까요. 그리하여 그를 해치려 하자, 한신이 억울해서 소리쳤어요.

"토끼 사냥이 끝나면 사냥개를 삶아 먹고, 새를 잡으면 활을 부러뜨리며, 적이 망하면 장수를 내친다더니. 그 말이 맞구나! 그동안 유방을 도와 항우를 무찌르고 전쟁에서 큰 공을 세웠건만 나를 없애려 하는가!"

토끼 토(兎), 죽을 사(死), 개 구(狗), 삶을 팽(烹) 자를 쓰는 '토사구팽'은 필요할 때는 소중하게 여기다가 필요 없으면 매정하게 버리는 사람의 몹쓸 마음을 비꼬는 말로 사용해요.

결초보은

結草報恩

죽은 뒤에라도 은혜를 잊지 않고 갚음

- **결초보은**: 結 맺을 **결** | 草 풀 **초** | 報 갚을 **보** | 恩 은혜 **은**

- (겉뜻) 풀을 엮어 은혜를 갚다.
- (속뜻) 죽어서도 은혜를 잊지 않고 갚음.
- (예문) 제가 죽어서라도 반드시 결초보은할 것입니다.

- 비슷한 고사성어: 각골난망(刻骨難忘)
  - (뜻) 고마움이 뼈에 새겨져서 쉽게 잊히지 않는다는 뜻으로, 은혜를 꼭 갚겠다는 말.

옛날 중국 진나라 때 위무자와 위과 부자가 살았어요. 어느 날, 위무자가 아들 위과를 불러 말했어요.

"위과야, 혹시 내가 먼저 죽으면 새어머니를 꼭 재혼시켜야 한다."

"네, 아버지. 새어머니 걱정은 하지 마세요."

그런데 시간이 흘러 큰 병으로 죽음을 앞두고 위무자는 딴소리를 했어요.

"위과야, 혼자 죽기는 너무 무서우니 네 새어머니를 순장시켜라."

위과는 깜짝 놀랐어요. 순장은 살아 있는 사람을 무덤에 함께 묻는 풍습이거든요.

그러나 위과는 아버지가 세상을 떠난 뒤에 새어머니를 재혼시키기로 했어요. 건강할 때 한 말이 아버지의 뜻에 더 맞는다고 생각했기 때문이에요.

얼마 후, 위과는 전쟁에 나가게 되었어요. 하루는 적장 두회에게 쫓겨 정신없이 도망치는데, 갑자기 두회의 말이 풀에 걸려 넘어져 버렸지요. 덕분에 위과는 두회를 사로잡아 큰 공을 세웠어요.

그날 밤 위과의 꿈에 어떤 노인이 나타났어요.

"나는 그대 새어머니의 아버지라오. 딸의 목숨을 살려 준 은혜를 갚고자 내가 풀을 묶어 놓은 것이오."

위과가 꿈에서 깨어 낮에 두회가 넘어졌던 곳으로 가 보니, 과연 풀이 묶여 있었어요. 여기에서 풀을 묶어 은혜를 갚는다는 뜻으로 맺을 결(結), 풀 초(草), 갚을 보(報), 은혜 은(恩) 자를 써서 '결초보은'이라는 말이 생겼답니다.

도원결의 桃園結義

의형제를 맺음

- **도원결의**: 桃 복숭아나무 **도** | 園 동산 **원** | 結 맺을 **결** | 義 옳을 **의**

(겉뜻) 복숭아밭에서 의형제를 맺음.
(속뜻) 뜻이 같은 사람들끼리 한 가지 목표를 위해 함께하는 것.
(예문) 우리는 도원결의를 한 뒤로 친형제처럼 지낸다.

"도적 떼 황건적이 온 나라를 휩쓸고 있대요."

"이러다 나라가 망하는 것은 아닌지 모르겠군."

중국의 탁현 마을 사람들은 의병을 모집한다는 방을 보면서 걱정했어요. 그러나 의병이 되겠다고 나서는 사람은 아무도 없었지요. 그래서 유비가 한숨을 내쉴 때, 동생처럼 지내는 장비가 왔어요. 덥수룩한 수염에 어깨가 넓고 눈이 부리부리한 사나이였지요.

"나라가 위기에 빠졌는데 사내대장부가 한숨만 내쉬고 있다니! 나라를 위해 싸워야 하지 않겠소?"

"왕족인 내가 한낱 병사가 되어 전쟁에 나갈 수는 없지 않느냐?"

"하하하! 내가 전 재산을 다 털어 형님을 대장으로 모시고 나갈 테니 걱정 마시오!"

두 사람은 주막에 갔다가 키가 보통 사람보다 머리 하나는 더 크고 기다란 칼을 든 관우를 만났어요. 관우도 나라를 위해 싸울 준비가 된 용감한 사람이었지요. 바로 전날에 관우와 무술 대결을 벌였던 장비는 그가 마음에 들었어요. 성질 급한 장비가 말했어요.

"우리 의형제를 맺으면 어떻겠소? 우리 집 뒤에 복숭아밭이 있으니 거기로 갑시다."

이렇게 하여 세 사람은 복숭아밭에서 의형제를 맺었어요.

얼마 뒤에 이들은 고을 안의 젊은이 300여 명을 이끌고 황건적 토벌에 나섰고, 훗날 촉나라를 세웠답니다.

그 뒤로 사람들은 뜻이 맞는 사람끼리 한 목적을 위해 행동을 같이하기로 약속한다는 의미로 복숭아나무 도(桃), 동산 원(園), 맺을 결(結), 옳을 의(義) 자를 써서 '도원결의'라는 말을 사용했어요.

삼고초려 三顧草廬

훌륭한 인재를 얻기 위해 최선을 다함

- **삼고초려** : 三 석 **삼** | 顧 돌아볼 **고** | 草 풀 **초** | 廬 오두막 **려**
- (겉뜻) 초가집을 세 번이나 찾아감.
- (속뜻) 인재를 맞아들이기 위해 참을성 있게 노력함.
- (예문) **삼고초려** 끝에 그를 스승으로 모실 수 있었다.

중국 촉나라를 세운 유비는 똑똑한 인재들을 모았는데, 그중에 '서서'라는 사람이 있었어요. 어느 날 서서가 말했어요.

"폐하, 제갈량을 데려오십시오. 하늘이 재능을 내렸다고 하여 사람들은 그를 '누워 있는 용', 즉 와룡 선생이라 부릅니다."

유비는 의형제인 관우, 장비와 함께 제갈량의 오두막을 찾아갔어요. 하지만 그는 집에 없었지요. 헛걸음을 한 유비는 며칠 뒤에 그가 집에 있다는 소식을 듣자마자 관우, 장비와 함께 눈보라를 뚫고 다시 달려갔어요. 그런데 집이 또 텅 비어 있었어요. 장비는 속상해서 툴툴거렸지만 유비는 아무 말 없이 제갈량에게 만나고 싶다는 편지를 적어 놓았어요.

세 번째로 그 집을 찾아갔을 때, 제갈량은 자기 집 마루에서 낮잠을 자고 있었어요. 유비는 그가 깰 때까지 마당에서 기다렸지요. 잠에서 깬 제갈량은 기다려 준 유비의 태도에 크게 감동하여 촉나라를 강하게 만들 방법을 알려 주었어요.

"선생의 말씀을 들으니 흐렸던 날이 갑자기 환하게 갠 듯합니다. 정말 고맙습니다."

유비가 매우 기뻐하며 인사하자 제갈량은 깜짝 놀랐어요. 황제가 한낱 선비에게 인사를 하다니, 뜻밖이었기 때문이죠. 제갈량은 곧장 유비의 신하가 돼서 그를 도와 나라를 부강하게 만들었답니다.

사람들은 유비가 세 번이나 오두막으로 찾아간 일을 석 삼(三), 돌아볼 고(顧), 풀 초(草), 오두막 려(盧) 자를 써서 '삼고초려'라고 했어요. 삼고초려는 인재를 얻기 위해 참을성 있게 노력한다는 뜻으로 사용한답니다.

감탄고토 甘吞苦吐

달면 삼키고 쓰면 뱉는다

- 감탄고토: 甘 달 **감** | 吞 삼킬 **탄** | 苦 쓸 **고** | 吐 뱉을 **토**
- (겉뜻) 달면 삼키고 쓰면 뱉는다.
- (속뜻) 자기 비위에 따라서 사리의 옳고 그름을 판단하는 것을 이르는 말.
- (예문) 자기에게 필요할 때는 시도 때도 없이 연락하더니, 필요 없어지자마자 연락을 끊는 감탄고토의 행동에 정나미가 떨어졌다.

정약용은 조선 정조 때의 대표적인 실학자예요. 정조가 정약용을 무척 아껴서 그를 시기하고 질투하는 사람이 꽤 많았답니다.

정조가 세상을 떠나자 11살에 불과한 순조가 왕위에 올랐어요. 순조의 장인 김조순은 어린 왕을 얕보고 자기 마음대로 정치를 하면서 정조가 아끼던 신하들을 한꺼번에 몰아낼 궁리를 했어요.

"그렇지! 그들은 모두 천주교를 연구한 적이 있으니, 그것을 트집 잡아 유배 보내야겠군."

그 무렵에 힘 있는 양반 대부분은 청나라를 통해 들어온 천주교를 싫어했어요. 사람은 모두 평등하다는 천주교의 생각을 도저히 받아들일 수 없었거든요.

"사람이 모두 평등하다니, 그럼 노비와 양반이 같단 말인가!"

김조순은 천주교를 믿는 사람뿐 아니라 천주교를 연구한 사람까지 모두 잡아들였어요. 그중에는 정약용도 있었는데, 정약용은 무려 19년이나 유배 생활을 했어요.

정조에게 사랑받던 정약용이 이처럼 오랫동안 유배 생활을 하자, 친한 척하던 사람들이 하나둘 그의 곁을 떠났어요. 이들의 모습을 보며 정약용은 속담집 『이담속찬』에 '감탄고토'라고 적었어요. 달 감(甘), 삼킬 탄(吞), 쓸 고(苦), 뱉을 토(吐) 자를 쓰는 '감탄고토'는 달면 삼키고 쓰면 뱉는다는 뜻이에요. 제 비위에 맞으면 좋아하고 맞지 않으면 싫어하는 모습을 표현한 말이었지요.

풍전등화 風前燈火

매우 위태로운 처지

- **풍전등화**: 風 바람 풍 | 前 앞 전 | 燈 등불 등 | 火 불 화
  - (겉뜻) 바람 앞의 등불.
  - (속뜻) 사물이 매우 위태로운 처지에 놓여 있음을 비유적으로 이르는 말.
  - (예문) 나라의 운명이 풍전등화와 같다.
- **비슷한 고사성어**: 초미지급(焦眉之急)
  - (뜻) 눈썹에 불이 붙었다는 뜻으로, 몹시 급한 상황을 이르는 말.

백제 의자왕은 백성들의 존경을 한 몸에 받았어요.

"우리 임금님은 정말 효심이 깊어."

"그러니까 당나라에서 우리 임금님을 해동증자라고 했겠지!"

'해동증자'란 바다 건너 동쪽 나라에 사는 효심이 깊은 사람이라는 뜻이에요. 의자왕은 백성을 무척 아꼈고, 어진 정치를 펼쳐 나라를 튼튼하게 만들었답니다.

그런데 세월이 흐르면서 점점 변하더니, 날마다 잔치를 열고 술만 마셔 댔어요. 자기에게 바른말을 하는 신하는 옥에 가두었고요.

참다못해 신하 성충이 나섰어요.

"전하, 이러시면 아니 되옵니다!"

"건방지구나! 저놈을 당장 잡아 가둬라!"

백제의 정치 상황은 나빠져만 갔지요. 그러자 적국 신라의 김유신 장군이 이때를 노려 군사 5만 명을 이끌고 백제로 쳐들어왔어요.

의자왕은 그제야 마음이 다급해졌어요.

"누가 저들을 막겠는가?"

"제가 하겠습니다."

백제의 용맹한 장군 계백이 나섰어요. 그러나 계백 장군이 이끄는 군대는 황산벌 싸움에서 패하고 말았지요.

"아아, 백제가 바람 앞의 등불처럼 위태롭구나."

의자왕은 뒤늦게 후회했지만 아무 소용이 없었어요. 마침내 백제는 660년에 멸망하고 말았지요. 이처럼 바람 앞에서 등불이 곧 꺼져 버릴듯 매우 위태로운 상황을 바람 풍(風), 앞 전(前), 등불 등(燈), 불 화(火) 자를 써서 '풍전등화'라고 표현해요.

면목

남을 대할 만한 체면

- 면목: 面 얼굴 면 | 目 눈 목

뜻① 얼굴의 생김새.
뜻② 남을 대할 만한 체면.
예문 그런 큰 잘못을 저질렀으니 무슨 면목으로 부모님을 대할 수 있겠어?

비슷한 말: 염치(廉恥)
뜻 체면을 차릴 줄 알며 부끄러움을 아는 마음.

먼 옛날, 중국 초나라에 항우라는 장군이 있었어요. 한나라와 싸우던 그는 간신히 죽을 고비를 넘기고 부하들과 함께 오강으로 도망쳤지요. 이때 관리 한 명이 배를 준비해 놓고 기다리고 있었어요.

"장군님, 어서 오십시오. 여기부터는 제 배로 모시겠습니다."

그러나 웬일인지 항우는 배에 오르지 않고 부하들만 바라보았어요. 관리는 당장이라도 적이 나타날까 봐 걱정하며 주변을 살폈어요.

"무엇을 망설이십니까? 강 건너에서 백성들 수천 명이 장군님을 기다리고 있습니다. 이 배가 마지막 배이니 적들이 쫓아오지 못할 것입니다."

"나를 믿고 따라온 부하 8천 명이 목숨을 잃었다네. 내가 살아서 어찌 그들의 부모 형제를 만나겠는가. 차마 얼굴과 눈을 들어 그들을 볼 수 없네."

항우의 말이 끝나자마자 언덕 위에 한나라 군사들이 나타났습니다. 그들은 항우를 발견하고 바람처럼 달려왔는데, 그중에는 항우의 옛 부하인 여마동이 있었어요. 여마동이 배신한 것이었죠.

항우는 분한 마음을 참을 수 없었어요.

"이놈, 여마동아! 내가 네놈 손에 죽을 줄 아느냐!"

항우는 천둥처럼 소리치며 스스로 목숨을 끊었어요. 살아남은 부하들은 자신들을 진심으로 아꼈던 항우를 잊을 수 없었습니다.

이때 항우가 남긴 말은 그대로 전해졌어요. 그래서 남을 대할 만한 체면이 없을 때 얼굴과 눈을 들 수 없다는 뜻으로 얼굴 면(面)에 눈 목(目) 자를 써서 '면목'이 없다는 말을 사용하게 됐어요.

백미

여럿 가운데 가장 뛰어남

- 백미: 白 흰 **백** | 眉 눈썹 **미**

(겉뜻) 흰 눈썹.
(속뜻) 여럿 중에서 가장 뛰어난 사람이나 훌륭한 물건을 이르는 말.
(예문) 『춘향전』은 한국 고전 문학의 백미다.

중국 촉나라를 세운 유비에게는 뛰어난 신하가 많았어요. 그중에서 마씨 오 형제는 하나같이 무술은 물론이고 글과 시에도 재주가 뛰어났답니다.

"한 집안에서 인재가 한 명만 나와도 대단한 일인데, 다섯 형제가 전부 훌륭하다니!"

"그러게 말일세."

"그중에서도 마량이 으뜸이지, 안 그런가?"

"아, 눈썹이 하얀 사람!"

"맞아! 그 모습마저 눈에 띄지."

마씨 형제 가운데 넷째인 마량은 외모가 독특했어요. 태어날 때부터 눈썹에 흰 털이 섞여 있어서 어디에서든 눈에 띄었지요. 게다가 유비가 가장 아끼는 책사인 제갈량이 늘 곁에 두고 이것저것 의논할 정도로 지혜로웠어요.

"자네처럼 말을 잘하는 사람은 처음 보는군."

제갈량은 이렇게 마량을 칭찬하곤 했어요.

어느 날 오랑캐가 쳐들어오자, 마량은 홀로 적진으로 들어가 적장과 이야기를 나누었어요. 한참 대화하던 적장은 마량의 인격과 지혜에 탄복하며 물러갔답니다.

"함부로 쳐들어온 것을 용서해 주십시오."

그 뒤로 사람들은 마량을 흰 백(白)에 눈썹 미(眉) 자를 써서 '백미'라고 부르며 존경했습니다. 그리고 세월이 흐르면서 여럿 가운데 가장 뛰어난 사람을 '백미'라고 일컬었지요. 지금은 사람보다는 뛰어난 물건이나 작품을 가리키는 말로 더 많이 사용하고 있어요.

다다익선 多多益善

많으면 많을수록 더욱 좋음

- **다다익선**: 多 많을 다 | 多 많을 다 | 益 더할 익 | 善 착할 선

(뜻) 많으면 많을수록 더욱 좋음.
(예문) 돈이란 다다익선이니, 월급은 많이 받을수록 좋다.

반대말: 과유불급(過猶不及)
(뜻) 정도를 지나친 것은 미치지 못한 것과 같다는 뜻.

중국 진나라가 망하고 온 세상이 혼란스러울 때, 유방이 중국을 통일하여 한나라를 세웠어요. 유방에게는 소하, 장량, 한신을 비롯해 충성스러운 부하가 많았어요. 유방은 특히 한신을 무척이나 아껴, 초나라 왕이 되게 해 주었지요. 그런데 한신이 유방을 몰아내려 한다는 소문이 돌자 유방은 한신을 의심하기 시작했어요.

어느 날, 유방은 한신을 불러 엉뚱한 질문을 던졌어요.
"짐이 군사를 몇 명이나 거느릴 수 있을 것 같은가?"
"황공하오나 폐하께서는 십만 명 정도일 것이옵니다."
"그래? 그렇다면 그대는 몇 명이나 거느릴 수 있는가?"
"소인은 군사가 많으면 많을수록 좋사옵니다. 다다익선이지요."
유방이 또 물어봤어요.
"나보다 능력이 뛰어난 자가 어찌하여 내 밑에 있는가?"
그러자 한신은 공손히 대답했어요.
"폐하께서는 군사를 거느리는 능력은 작지만 장군을 거느리는 능력이 훌륭하십니다. 그러나 저는 군사를 거느릴 줄만 알지 장군을 이끄는 능력은 없습니다."

한신의 대답에 유방은 껄껄 웃으며 그에 대한 의심을 깨끗이 거두었답니다.

이 이야기에 나오는 것처럼 '다다익선'은 많을 다(多), 많을 다(多), 더할 익(益), 착할 선(善) 자를 써서 나에게 좋은 것이나 긍정적인 것이라면 많으면 많을수록 좋다는 뜻으로 사용되고 있어요.

칠종칠금

七縱七擒

상대를 자기 마음대로 다룸

- **칠종칠금**: 七 일곱 **칠** | 縱 놓을 **종** | 七 일곱 **칠** | 擒 사로잡을 **금**
- (겉뜻) 일곱 번 사로잡았다가 일곱 번 놓아줌.
- (속뜻) 상대를 자기 마음대로 다룬다는 의미. 또는 어떤 일을 제 뜻대로 할 수 있는 능력을 가리킴.
- (예문) 우리 팀은 칠종칠금 전략으로 상대방을 크게 이겼다.

옛날 중국 촉나라의 왕 유비가 세상을 떠나고 그의 어린 아들 유선이 황제가 되자 나라 곳곳에서 반란이 일어났어요. 그러자 유비가 아끼던 책사 제갈량이 나섰어요.

"폐하! 제가 직접 군사를 이끌고 가서 저들을 다스리겠습니다."

제갈량은 반란군을 무찌르고 '맹획'이라는 장수를 사로잡았어요. 맹획은 비록 적이지만 용맹하고 백성들의 믿음을 얻은 지도자였지요.

"네 재주가 아깝구나. 우리 폐하를 섬기거라."

"죽으면 죽었지 유선을 왕으로 받들 수 없소!"

맹획 때문에 제갈량이 고민할 때, 부하 마속이 말했어요.

"전투에서 이긴 것만으로 맹획의 마음을 얻을 수는 없습니다. 심리전을 펴서 그의 마음을 정복하시지요."

이 말을 듣고 제갈량은 맹획을 풀어 주었어요. 그러자 맹획은 다시 난을 일으켰지요. 하지만 맹획은 다시 사로잡혔고, 이제는 죽었구나 생각할 때 제갈량이 또 풀어 주었어요. 이런 식으로 일곱 번 잡았다가 일곱 번을 놓아주니 맹획은 마음이 점점 바뀌었어요.

"당신 같은 사람은 처음 보았소. 그대의 부하가 되지요."

이리하여 맹획은 고집을 꺾고 제갈량의 부하가 되었습니다. 그러고는 전쟁마다 큰 공을 세워 촉나라의 위대한 장군이 됐어요.

그 뒤로 상대방을 자기 마음대로 다루거나 어떤 일을 제 뜻대로 할 수 있는 능력을 가리킬 때, 일곱 번 잡았다가 일곱 번 풀어 준다는 뜻으로 '칠종칠금'이라는 말을 쓴답니다.

3장 지혜를 일깨우는 고사성어

맹모삼천 孟母三遷

맹자의 어머니가 아들을 가르치기 위해 세 번이나 이사함

- **맹모삼천**: 孟 맏 **맹** | 母 어머니 **모** | 三 석 **삼** | 遷 옮길 **천**

(겉뜻) 맹자의 어머니가 집을 세 번이나 옮기다.
(속뜻) 자식을 올바르게 키우기 위해서는 환경이 중요하다.
(예문) 맹모삼천이라고, 자식을 잘 교육하려면 좋은 환경을 마련해야 한다.

같은 고사성어: 맹모삼천지교(孟母三遷之教)
(뜻) 맹모삼천의 본래 말로, 이 말을 줄여서 '맹모삼천'이라고 함.

맹자의 어머니는 남편이 세상을 떠난 뒤에 어린 아들을 홀로 키웠어요. 집안 형편이 어려워진 탓에 공동묘지 근처에 집을 얻어 살았지요. 어머니가 일을 마치고 돌아올 때까지 심심했던 맹자는 장사 지내는 흉내를 내며 놀곤 했어요.

"아이고, 아이고~~ 흑흑흑~."

땅을 파서 장난으로 무덤을 만들고 우는 척하는 맹자를 보고 어머니는 큰 충격을 받았어요. 여기서는 보고 배울 것이 없다고 판단한 어머니는 시장 옆으로 이사했지요.

그러자 맹자가 이번에는 장사꾼들을 흉내 냈어요.

"자! 떨이요, 떨이. 이게 마지막입니다!"

어머니는 이곳도 마음에 들지 않았어요. 아들이 좀 더 큰 꿈을 품고 성장하기를 바랐기 때문이에요.

어머니가 세 번째로 이사 간 곳은 서당 옆이었어요. 날마다 글 읽는 소리를 듣자 맹자는 땅바닥에 글자 적는 시늉을 하고 글을 따라 읽으며 놀았습니다.

"하늘 천, 땅 지! 어머니, 공부가 재미있어요! 저도 서당 갈래요."

"여기야말로 우리 맹자를 잘 키울 수 있는 곳이구나."

어머니는 그제야 마음을 놓았어요.

훗날 맹자는 공자와 더불어 유가 사상을 만든 중국 최고의 학자가 되었어요.

자식을 바르게 교육하고자 했던 맹자 어머니가 세 번이나 집을 옮긴 일화는 맏 맹(孟), 어머니 모(母), 석 삼(三), 옮길 천(遷) 자를 써서 '맹모삼천'이라는 고사성어가 되었답니다.

백문불여일견

百聞不如一見

백 번 듣는 것이 한 번 보는 것만 못하다

- ○ 백문불여일견
  百 일백 **백** | 聞 들을 **문** | 不 아닐 **불** | 如 같을 **여** | 一 한 **일** | 見 볼 **견**
- (겉뜻) 백 번 듣는 것이 한 번 보는 것만 못하다.
- (속뜻) 직접 경험해야 확실히 알 수 있다.
- (예문) 백문불여일견이라더니, 역시 직접 와 보길 잘했다.

중국 전한의 황제 선제는 서쪽 오랑캐인 강족의 공격 때문에 골머리를 앓았어요. 신하들이 입을 모아 말했지요.

"폐하, 조충국 장군에게 물어보시면 좋을 듯하옵니다."

조충국은 일흔이 넘은 노인이었지만 그의 지혜를 따를 사람이 없었어요. 선제는 곧바로 조충국을 불러 물었어요.

"대체 어찌하면 좋겠는가?"

"폐하, 강족을 직접 봐야만 방법을 찾을 수 있사옵니다. 저를 그들이 자주 나타난다는 금성군으로 보내 주시옵소서."

"거기는 너무 위험하다. 허락할 수 없노라!"

"강족에 관해 떠도는 이야기만 듣고 판단하기보다는 직접 가서 보는 편이 훨씬 나을 것입니다."

조충국은 선제의 허락을 받고 금성군에 머무르면서 포로로 잡힌 강족 사람들을 만나 그들에 대해 자세히 알아보았습니다. 그러고는 선제에게 자신의 생각을 말했지요.

"강족은 젊은이들이 모여 있는 것을 겁낸다고 합니다. 그러므로 말을 타는 기마병보다는 백성들과 함께 농사짓고 살다가 전쟁이 일어났을 때는 병사로 동원될 수 있는 둔전병을 보내는 편이 더 나을 것입니다."

조충국의 말대로 하자 정말로 강족이 거의 침략하지 않았어요. 사람들은 그의 지혜로움을 칭찬하며 어떤 일을 판단할 때 남에게 듣는 것보다 직접 보고 판단하는 것이 더 낫다는 뜻으로 일백 백(百), 들을 문(聞), 아닐 불(不), 같을 여(如), 한 일(一), 볼 견(見) 자를 써서 '백문불여일견'이라는 말을 사용하게 되었답니다.

어부지리 漁夫之利

둘이 싸우는 동안 엉뚱한 사람이 이익을 얻음

- **어부지리** : 漁 고기 잡을 **어** | 夫 남편 **부** | 之 갈 **지** | 利 이로울 **리**
- (겉뜻) 제삼자인 어부가 이익을 얻다.
- (속뜻) 두 사람이 이해관계로 서로 싸우는 사이에 엉뚱한 사람이 애쓰지 않고 가로챈 이익을 이르는 말.
- (예문) 이번 선거에서 여당 후보와 야당 후보가 다투는 바람에 무소속 후보가 어부지리로 당선되었다.

옛날 중국 연나라에 소대라는 지혜로운 관리가 있었어요. 어느 날 밤, 황제가 급히 소대를 불렀어요.

"지금 조나라가 전쟁을 준비하고 있다니 큰일이오. 그대가 조나라 혜문왕을 만나 전쟁을 막아 주지 않겠소?"

조나라에 가는 것은 목숨이 걸린 위험한 일이었지요. 그러나 소대는 기꺼이 조나라로 떠났고, 얼마 후에 혜문왕을 만나 자연스레 이야기를 꺼냈어요.

"오는 길에 강을 건너는데, 마침 민물조개가 강변에 나와 입을 벌린 채 햇볕을 쬐고 있더군요. 그런데 황새가 조갯살을 쪼아 먹으려 하자 조개가 입을 오므리고 말았습니다."

"저런, 황새 부리가 조개에게 물렸겠군."

"맞습니다. 황새는 비만 오지 않으면 조개가 바싹 말라 죽겠지 하며 버티고, 조개는 꽉 물고 있으면 황새가 굶어 죽을 거라고 생각하는 듯했지요. 둘이 한 치의 양보도 없이 버틸 때, 지나가던 어부가 황새와 조개를 한꺼번에 망태 속에 넣어 버리더군요."

"하하하, 둘이 싸운 덕분에 어부만 이익을 얻었군!"

"폐하, 조개와 황새는 바로 연나라와 조나라입니다. 두 나라가 전쟁으로 모두 지친다면 제삼자인 진나라가 그 어부처럼 이익을 얻을 것입니다."

혜문왕은 소대의 말이 옳다고 생각해 전쟁 준비를 멈추었어요.

고기 잡을 어(漁), 남편 부(夫), 갈 지(之), 이로울 리(利) 자를 쓰는 '어부지리'는 두 사람 또는 두 집단이 서로 맞서고 싸울 때, 곁에 있는 제삼자가 이익을 얻는다는 뜻의 고사성어예요.

각주구검 刻舟求劍

어리석고 미련하여 융통성이 없음

- **각주구검**: 刻 새길 **각** | 舟 배 **주** | 求 구할 **구** | 劍 칼 **검**
- (겉뜻) 칼을 물속에 빠뜨리자 그 위치를 뱃전에 표시해 두었다가, 나중에 배가 움직인 것을 생각하지 않고 그 칼을 찾으려 함.
- (속뜻) 융통성 없이 현실에 맞지 않는 낡은 생각을 고집하는 어리석음.
- (예문) 각주구검식의 낡은 정책은 개선해야 한다.

"오늘 꼭 배를 타야 하는데 바람이 많이 부는군요."

나루터에 모인 사람들이 출렁이는 강물을 바라보며 걱정했어요. 그중에는 기다란 검을 꼭 끌어안은 젊은이도 있었지요.

잠시 후에 배가 출발하자 바람이 더 거세게 불었어요.

"다들 조심하세요! 잘못하다가는 넘어집니다!"

뱃사공이 크게 외치기가 무섭게 배가 갑자기 기울었어요.

검을 안고 있던 젊은이는 균형을 잡으려다가 검을 놓쳐 버렸어요.

"아앗, 내 소중한 검이!"

그러나 검은 이미 물속에 빠지고 말았답니다. 사람들은 안타까워하며 젊은이를 위로했어요.

"귀한 물건 같던데 큰일이군요."

"아닙니다. 찾을 수 있습니다."

젊은이는 주머니에서 단검을 꺼내 자기가 서 있는 뱃전에 살짝 표시를 했습니다.

"칼이 떨어진 위치를 이렇게 표시해 두었으니, 배가 건너편 나루터에 닿으면 찾을 수 있지요."

사람들은 어이가 없었어요. 배는 아까 검이 떨어진 자리를 훨씬 지나 두둥실 떠가고 있었기 때문이에요.

그런데 젊은이는 나루터에 도착하자마자 정말로 뱃전의 표시를 보고 강물에 뛰어들었어요. 당연히 검은 찾을 수 없었지요.

그 뒤로 사람들은 미련하고 융통성 없는 행동을 볼 때마다 새길 각(刻), 배 주(舟), 구할 구(求), 칼 검(劍) 자를 써서 '각주구검'이라고 말했답니다.

견물생심 見物生心

어떤 것을 보게 되면 그것을 가지고 싶은 욕심이 생김

- ○ **견물생심**: 見 볼 **견** | 物 만물 **물** | 生 날 **생** | 心 마음 **심**
- (뜻) 물건을 보면 욕심이 생긴다는 뜻으로, 아무 생각이 없다가도 좋은 물건을 보면 갖고 싶어진다는 말.
- (예문) **견물생심**이라고, 예쁜 옷을 보니 사고 싶어졌다.

옛날에 서로 아끼고 사랑하는 형과 아우가 있었어요. 어려서부터 맛있는 것이 생기면 나눠 먹고 힘든 일이 있으면 서로 도왔지요. 마을 사람은 이 형제를 '의좋은 형제'라며 칭찬했답니다.

하루는 형제가 먼 길을 여행하게 되었어요. 앞장서서 부지런히 걷고 있던 동생이 길에서 황금 두 덩어리를 발견했어요.

"형님, 이것 좀 보세요!"

"아니, 이렇게 귀한 물건이!"

"하늘이 복을 주신 겁니다. 형님이랑 저랑 하나씩 나눠 가지면 되겠어요."

형제는 좋아하며 각자 자기 보따리에 황금을 넣었지요.

얼마 뒤, 공진암이라는 나루터에서 배를 탔을 때였어요. 아우가 황금을 꺼내더니 강물에 풍덩 던져 버리는 게 아니겠어요?

"아니, 그 귀한 걸 강물에 버리면 어떡하니?"

형이 깜짝 놀라 묻자, 동생이 대답했어요.

"저는 형님을 정말 사랑합니다. 그런데 황금 덩어리를 얻은 뒤로는 자꾸 욕심이 생겨서 형 것을 빼앗고 싶어졌어요. 이런 욕심이 생긴 것은 황금 탓인 듯하여 물에 던져 버린 거예요."

"네 말이 맞다. 견물생심이라더니 나도 자꾸 욕심이 생기던 참이었다."

형도 자기 황금을 꺼내 강물에 던지고는 기분 좋게 웃었습니다.

볼 견(見), 만물 물(物), 날 생(生), 마음 심(心) 자를 쓰는 '견물생심'은 물건을 보면 욕심이 난다는 뜻입니다. 아무 생각이 없다가도 막상 좋은 물건을 보면 갖고 싶어 하는 사람의 심리를 나타내지요.

역지사지 易地思之

처지를 바꾸어 생각해 봄

- **역지사지**: 易 바꿀 역 | 地 땅 지 | 思 생각 사 | 之 갈 지
  - (뜻) 상대방과 처지를 바꿔 생각하여, 상대방을 헤아리고 이해하라는 뜻.
  - (예문) 다른 사람의 처지를 고려하는 역지사지의 태도를 길러야 한다.
  - 반대되는 고사성어: 아전인수(我田引水)
  - (뜻) 자기 논에 물 대기라는 뜻으로, 자기에게만 이로워지도록 생각하거나 행동함을 이르는 말.
  - (예문) 무슨 일이든 아전인수 격으로 해석하는 사람은 멀리하는 편이 좋다.

공자에게는 안회라는 총명한 제자가 있었어요. 공자가 살던 시절에는 쌀이 무척 귀했는데, 하루는 제자들이 쌀을 구해 밥을 짓기로 했지요. 제자들에게 미안했던 공자는 배고픔을 참으며 잠들었어요. 시간이 얼마나 지났을까요? 부엌에서 달그락대는 소리가 들려 깨어 보니, 안회가 솥 안의 밥을 몰래 먹고 있었어요.

'다른 사람들도 배가 고플 텐데 혼자만 먹다니······.'

그러나 섭섭함은 곧 미안함으로 바뀌었어요.

"스승님, 부엌 천장에서 흙이 떨어져 밥에 묻었지 뭡니까. 흙 묻은 밥이어도 버릴 수가 없어서 제가 그쪽을 먹었습니다."

안회는 이처럼 다른 사람이 꺼리는 일을 대신했어요. 그래서 공자는 늘 안회를 칭찬했지요. 그러자 다른 제자들이 안회를 질투해서 공자는 너무 안타까웠습니다.

"안회는 옛날 후직과 하우처럼 역지사지의 마음을 지녔느니라."

후직과 하우는 모두 나랏일을 맡은 관리였는데, 몇 년씩이나 집에 들어가지 못할 정도로 백성을 위해 열심히 일했어요. 자신이 곧 백성이라고 여기며 백성을 가족처럼 돌보았지요.

안회가 서른두 살이라는 젊은 나이에 세상을 떠나자 공자는 크게 슬퍼하면서, 안회처럼 다른 사람과 내 처지를 바꾸어 생각할 줄 알아야 한다며 '역지사지'를 강조했습니다.

바꿀 역(易), 땅 지(地), 생각 사(思), 갈 지(之) 자를 쓰는 '역지사지'는 다른 사람의 처지를 내 처지와 바꾸어 생각한다는 뜻이에요.

과유불급 過猶不及

지나친 것은 모자란 것과 같다

- **과유불급** : 過 지나칠 **과** | 猶 오히려 **유** | 不 아닐 **불** | 及 미칠 **급**

겉뜻 정도를 지나침은 미치지 못함과 같다.
속뜻 너무 과하거나 모자라지 않은, 적당한 정도가 좋다는 뜻.

공자의 제자 가운데 자장과 자하는 사사건건 의견이 달라 늘 부딪치곤 했어요. 성격도 매우 달랐지요. 자장은 호기심이 많아 직접 배우고 바로 시도해 보는 성격이고, 자하는 아주 조심스럽고 많이 고민한 다음에 행동으로 옮기는 편이었어요.

그날도 두 사람은 열띤 토론을 벌였어요.

"이 세상 모든 사람은 동등하다네. 누구는 잘났고 누구는 못났다고 차별하는 것은 옳지 않아."

자장의 말에 자하가 차분히 대답했지요.

"그렇다고 자기보다 못난 사람과 사귀면 발전할 수가 없다네."

"마음을 열면 모두 친구가 될 수 있어."

"말만 그럴 뿐일세. 어찌 모든 사람들이 다 친구가 될 수 있단 말인가."

두 사람의 말을 듣고 있던 자공이 공자에게 물었습니다.

"스승님, 자장과 자하 가운데 누구 말이 옳습니까?"

"자장은 지나친 면이 있고 자하는 미치지 못하는 면이 있다."

"그러면 자장이 낫다는 말씀이십니까?"

"과유불급이니라. 지나친 것은 미치지 못하는 것과 똑같다."

자공은 공자의 말을 가슴에 깊이 새겼어요.

지나칠 과(過), 오히려 유(猶), 아닐 불(不), 미칠 급(及) 자를 쓰는 '과유불급'은 지나침은 모자란 것과 같다는 뜻으로, 무엇이든 적당한 정도가 좋다는 뜻이랍니다.

무용지물 無用之物

쓸모없는 물건이나 사람

- **무용지물**: 無 없을 무 | 用 쓸 용 | 之 갈 지 | 物 만물 물
- (뜻) 쓸모없는 물건이나 사람.
- (예문) 아무리 좋은 기계라도 다룰 줄 모르면 무용지물이나 다름없다.
- 반대되는 고사성어: 무용지용(無用之用)
- (뜻) 언뜻 보기에 쓸모없는 것이 오히려 큰 구실을 한다는 뜻.

옛날에 장석이라는 솜씨 좋은 목수가 있었어요. 장석은 가구는 물론이고 배 만드는 재주까지 뛰어났지요. 장석은 늘 좋은 나무를 찾아다녔는데, 하루는 제자들이 헐레벌떡 달려와 기뻐하며 말했어요.

"스승님! 크고 좋은 나무를 발견했습니다. 그렇게 좋은 나무는 난생처음 봅니다."

장석이 제자들과 함께 서둘러 그곳으로 가 보니, 과연 백 아름이 넘을 만큼 크고 아름다운 상수리나무가 있었어요. 제자들은 나무를 베려고 도끼까지 준비했지요. 그러나 장석은 나무를 쓱 훑어보고는 덤덤하게 말했어요.

"이건 못 쓴다. 다른 나무를 찾아보거라."

"나무가 이렇게 크고 좋은데요?"

제자들은 스승을 이해할 수 없어 투덜거렸지요.

그러자 장석이 설명했습니다.

"너희는 아직도 나무 보는 눈이 부족하구나. 이 나무는 쓸모없다. 배를 만들면 가라앉을 것이요, 가구를 만들면 썩을 것이며, 그릇을 만들면 깨질 것이다. 기둥을 만들어도 벌레가 생겨 이내 무너질 것이 분명하다."

"그게 정말입니까?"

"아무짝에도 쓸모가 없어서 크게 자랄 수 있었던 게야. 그래서 아무도 베어 가지 않은 거지. 이 나무는 무용지물이다."

제자들은 그제야 스승의 뜻을 알아차렸어요.

없을 무(無), 쓸 용(用), 갈 지(之), 만물 물(物) 자를 쓰는 '무용지물'은 이렇듯 쓸모없는 물건이나 사람을 뜻해요.

4장 의지와 결심을 나타내는 고사성어

형설지공 螢雪之功

고생 속에서도 부지런히 꿋꿋하게 공부하는 자세

- **형설지공**: 螢 반딧불이 **형** | 雪 눈 **설** | 之 갈 **지** | 功 공 **공**

(겉뜻) 반딧불과 눈의 빛으로 공부하여 이룬 공.
(속뜻) 고생하면서도 부지런하고 꾸준히 공부하는 자세.
(예문) 그는 형설지공으로 공부에 온 힘을 쏟았다.

비슷한 고사성어: 주경야독(晝耕夜讀)
(뜻) 낮에는 농사짓고 밤에는 공부한다는 뜻으로, 어려운 여건에서도 꿋꿋이 공부함을 이르는 말.

옛날 진나라에 차윤이라는 소년이 살았어요. 차윤은 책을 무척 좋아해서 밤마다 이리 뒤척 저리 뒤척 잠들지 못했어요.

"어머니, 낮에 읽은 책의 다음 내용이 너무 궁금해요."

"등불을 켜려면 기름이 필요한데, 기름 살 돈이 없구나. 날이 밝으면 책을 읽을 수 있으니 어서 자거라."

밤에도 책을 읽고 싶어 궁리하던 차윤은 반짝이며 날아다니는 반딧불이를 잡아 등불처럼 사용하며 날마다 글을 읽었답니다.

그 무렵, 차윤과 처지가 비슷한 손강이라는 소년이 있었어요. 너무 가난해서 한겨울에도 불을 때지 못해 방 안에 고드름이 열릴 정도였지요. 오들오들 떨면서도 손강이 바라는 건 딱 하나였어요.

"밤에도 글을 읽을 수 있다면……."

하루 종일 함박눈이 내린 어느 날 밤, 손강은 밖을 내다보고 깜짝 놀랐어요. 눈이 소복이 쌓인 마당이 달빛을 받아 환하게 밝았기 때문이에요.

"밤이 이렇게 밝다니!"

손강은 얼른 책을 들고 밖으로 나갔어요. 환한 빛 속에서 즐거이 책을 읽느라 추운 줄도 몰랐지요.

훗날 두 소년은 모두 높은 벼슬에 올랐어요.

"반딧불과 쌓인 눈을 불빛 삼아 공부하다니 대단하군!"

사람들은 두 소년의 노력을 반딧불이 형(螢), 눈 설(雪), 갈 지(之), 공 공(功) 자를 써서 '형설지공'이라 일컬으며 칭찬했어요. 지금도 형설지공은 어려움을 이겨 내고 열심히 공부하는 모습을 표현할 때 사용한답니다.

입신양명 立身揚名

출세하여 이름을 세상에 떨침

- **입신양명**: 立 설 **입** | 身 몸 **신** | 揚 날릴 **양** | 名 이름 **명**

(뜻) 출세하여 세상에 이름을 알린다는 뜻.
(예문) 그의 **입신양명**의 꿈은 좋은 직장에 취직하는 것이 아니라 돈을 많이 버는 것이다.

비슷한 한자어: 등용문(登龍門)
(뜻) 어려운 관문을 뚫고 크게 출세함. 또는 그 관문을 이르는 말.

"호야, 오늘도 글씨 연습을 하니?"

가만있어도 땀이 뻘뻘 흐르는 여름날, 어린 한호가 붓에 물을 찍어 가며 열심히 바위에 글씨를 쓰고 있었어요. 집이 가난해서 종이와 먹을 사지 못하기 때문에 평평한 바위 위에다 물로 글씨를 쓰고, 물기가 마르면 또다시 쓰기를 반복했지요.

떡장사를 하는 어머니는 이런 아들을 훌륭하게 키우고 싶어서 깊은 산속에 있는 절로 보냈어요.

"네 글씨가 완벽해질 때까지는 절대 집에 오지 말거라."

한호는 어머니가 보고 싶었지만 꾹 참고 최고 명필이 되기 위해 글씨를 쓰고 또 쓰며 노력했어요.

몇 년이 흘러 자신감이 생긴 한호는 어머니를 보러 집으로 갔어요. 그러나 한호를 대하는 어머니의 눈빛은 싸늘하기만 했어요.

"불을 끄거라. 나는 떡을 썰 테니 너는 글씨를 써 보아라."

고요한 시간이 흐른 뒤 불을 켰을 때, 한호는 부끄러워 고개를 들 수 없었어요. 어머니의 떡은 가지런히 썰려 있었지만 자신의 글씨는 삐뚤빼뚤 엉망이었기 때문이지요.

"공부가 부족하구나! 당장 떠나거라."

그 뒤로 한호는 더욱 피나는 노력을 기울인 끝에 조선 최고의 명필이 되었답니다. 한석봉으로 잘 알려진 한호는 조선의 높은 관리가 되었고 중국에까지 이름을 떨쳐 '입신양명'했지요.

설 립(立), 몸 신(身), 날릴 양(揚), 이름 명(名) 자를 쓰는 '입신양명'은 출세하여 이름을 날린다는 뜻으로, 사회적으로 인정받아 유명해졌을 때 사용하는 말이랍니다.

개과천선 改過遷善

지난날의 잘못이나 허물을 고쳐 올바르고 착해짐

- 개과천선: 改 고칠 **개** | 過 잘못 **과** | 遷 옮길 **천** | 善 착할 **선**

(뜻) 잘못을 고치고 착하게 바뀌었다는 뜻으로, 지난날의 잘못을 뉘우치고 올바르고 착한 사람으로 변했다는 말.

(예문) 그 죄인은 사형을 면하고 개과천선할 기회를 얻었다.

중국에 내려오는 옛날이야기예요.

"주처다! 주처가 온다!"

옹기종기 모여서 놀던 아이들이 화들짝 놀라 달아났어요. 잠시 뒤에 나타난 주처는 화가 나서 소리를 빽빽 질러 댔어요.

"나도 같이 놀고 싶은데, 왜 나만 보면 도망가는 거야?"

그때 지나가던 노인이 주처의 이마에 알밤을 먹이며 말했어요.

"요놈! 네가 때려서 울린 아이가 몇이냐? 그러니까 피하지."

그러자 주처가 시무룩하게 말했어요.

"저도 그러고 싶지 않은데 부모님이 없다고 자꾸 놀리잖아요."

"그래도 심술을 부리면 안 되지. 오죽하면 아이들이 이 세상에서 제일 무서운 게 남산에 사는 호랑이, 장교 아래에 사는 용 그리고 주처 너라고 하겠느냐?"

그 말에 큰 충격을 받은 주처는 그길로 남산 호랑이와 장교 아래 사는 용을 잡았어요. 상처투성이가 됐지만 이제 아이들이 자기를 좋아해 줄 거라 생각했지요. 그러나 아이들은 여전히 주처만 나타나면 도망쳤어요. 시무룩한 주처에게 할아버지가 말했어요.

"걱정하지 마라. 잘못을 진심으로 뉘우치고 착하게 살면 다들 너를 좋아하게 될 거야."

그 뒤로 주처는 '개과천선'하여 훗날 나라의 훌륭한 관리가 되었답니다.

고칠 개(改), 잘못 과(過), 옮길 천(遷), 착할 선(善) 자를 쓰는 '개과천선'은 지난날의 잘못을 고치고 착하게 바뀌었다는 뜻으로, 바로 주처의 이야기에서 생겨난 말이에요.

우공이산 愚公移山

어떤 일이든 끊임없이 노력하면 반드시 이루어진다

- **우공이산**: 愚 어리석을 **우** | 公 귀 **공** | 移 옮길 **이** | 山 메 **산**
  - (겉뜻) 우공이 산을 옮겼다는 말.
  - (속뜻) 무슨 일이든 꾸준히 노력하면 이룰 수 있다.
  - (예문) 그는 우공이산을 좌우명 삼아 묵묵히 일했다.

옛 중국에 우공이라는 사람이 있었어요. 우공은 이른 아침부터 가족과 함께 삽을 들고 산으로 갔어요.

"세상에, 오늘도 또 하려나 봐."

"저런다고 산이 옮겨지겠어?"

마을 사람들이 수군댔어요.

우공은 요즘 하루도 빠짐없이 산에 가서 땅을 파고 흙을 실어 날랐어요. 집 앞에 있는 큰 산을 옮기기 위해서였지요. 집 앞이 태행산과 왕옥산에 가로막혀 있어서 늘 답답했기 때문이에요.

'쓰러져 죽어도 괜찮아. 열심히 하면 우리 아이들은 앞이 시원하게 보이는 집에서 살게 될 거야.'

나이가 아흔 살이나 되었지만 우공은 꼭 해내겠다고 마음먹으며 계속 산을 팠어요. 그의 세 아들과 손자들은 열심히 바위를 깼고요.

태행산과 왕옥산 산신령들은 이 모습을 지켜보다가 덜컥 겁이 나서 옥황상제를 찾아갔어요.

"옥황상제님, 이러다 정말 산이 사라질까 걱정이옵니다."

"저희를 도와주시옵소서."

사실 옥황상제도 우공을 오랫동안 지켜보고 있었습니다. 저러다 그만두겠지 생각했는데, 우공은 변함없이 최선을 다하고 있었어요.

"우공의 마음이 참 기특하구나! 내가 직접 산을 옮겨 줘야겠다."

옥황상제는 '힘의 신'을 불러 산을 옮겨 주었어요. 이제 아무도 우공을 비웃을 수 없었지요. 그 뒤로 '우공이산'은 어떤 일이든 꾸준히 하면 반드시 이룰 수 있다는 뜻이 되어 지금까지 전해진답니다.

와신상담 臥薪嘗膽

목적을 이루기 위해 온갖 어려움과 괴로움을 참고 견딤

- **와신상담**: 臥 누울 **와** | 薪 땔나무 **신** | 嘗 맛볼 **상** | 膽 쓸개 **담**
- (겉뜻) 불편한 땔나무에 몸을 눕히고 쓸개를 맛본다.
- (속뜻) 원수를 갚거나 마음먹은 일을 이루기 위해 온갖 어려움과 괴로움을 참고 견딤을 비유적으로 이르는 말.
- (예문) 그는 **와신상담**하며 복수할 날만 꿈꾸었다.

중국의 춘추 전국 시대에 오나라와 월나라는 서로 원수처럼 지냈어요. 오나라의 왕 합려가 월나라의 구천왕과 싸우다 숨을 거뒀기 때문이에요. 합려의 아들 부차는 아버지의 원수를 갚으려고 일부러 가시가 많은 땔나무 위에서 잠을 잤어요. 몸이 편해져서 복수심이 약해지는 것을 막기 위해서였지요. 또한 부하들에게는 "부차야! 아비의 원수를 잊었느냐?" 하고 외치게 했답니다.

이 소문을 들은 구천왕은 안절부절못했어요.

"내가 먼저 공격해야겠다!"

구천왕은 부차를 죽이려고 오나라로 쳐들어갔지만 되레 회계산에서 항복하고 말았어요.

"네놈이 내 아버지를 죽였지? 너는 이제 천한 종이다! 어서 내 발을 닦아라!"

부차는 구천왕에게 온갖 궂은 일을 시키며 모욕하고 월나라를 오나라의 신하 나라로 삼아 버렸어요. 그 뒤, 월나라로 돌아온 구천왕은 쓰디쓴 곰쓸개를 자기 옆에 매달아 놓고 입으로 핥으며 복수를 위해 마음을 다잡았지요.

"회계산의 치욕을 결코 잊지 않겠다!"

20년이 흐른 뒤, 구천은 오나라를 쳐서 이기고 부차를 굴복시켜 결국 복수에 성공했어요.

부차가 땔나무 위에 누웠다는 뜻의 '와신'과 구천이 쓸개를 핥았다는 뜻의 '상담'을 붙여 '와신상담'이라는 고사성어가 생겨났어요. 복수를 위해 온갖 괴로움을 참고 견딘다는 뜻이지요. 요즘에는 어떤 일을 반드시 이루겠다는 강한 의지를 나타낼 때도 쓴답니다.

임전무퇴 臨戰無退

전쟁에 나아가서 물러서지 않음

- **임전무퇴**: 臨 임할 **임** | 戰 싸움 **전** | 無 없을 **무** | 退 물러날 **퇴**
- (뜻) 전쟁에 나아가면 물러나지 않는다는 뜻으로, 용감하게 끝까지 싸우는 자세를 이르는 말.
- (예문) **임전무퇴**의 정신으로 싸워 드디어 승리를 거머쥐었다.

신라의 '화랑'은 청소년 수련 단체였어요. 문벌과 학식이 뛰어나고 외모가 단정해야 화랑이 될 수 있었기에 자부심이 대단했지요. 화랑에 들어간 청년들은 공부는 물론 활쏘기와 검술 등을 익히며 몸과 마음을 단련했어요.

어느 날, 화랑인 귀산과 추항이 신라의 유명한 승려 원광 법사를 찾아갔어요.

"무슨 일로 왔느냐?"

"저희는 신라를 고구려, 백제보다 더 강한 나라로 만들고 싶습니다. 그러려면 반드시 지켜야 할 계율이 필요합니다."

"계율을 만들어 주시면 모든 화랑이 지킬 것입니다."

계율은 엄격하게 지켜야 할 규범을 말해요. 그리하여 원광 법사는 화랑을 위해 다섯 가지 계율인 '세속 오계'를 정해 주었어요.

세속 오계 가운데 하나인 '임전무퇴'는 화랑도가 전쟁에 나갈 때마다 목숨처럼 지키는 계율이 되었어요. 임할 임(臨), 싸움 전(戰), 없을 무(無), 물러날 퇴(退) 자를 써서 전쟁에 나아가면 물러나지 않는다는 뜻이에요. 그 뒤로 중요한 일을 눈앞에 두고 있거나, 어떤 일을 포기하지 않고 반드시 해내겠다고 각오를 다질 때 '임전무퇴'라는 표현을 쓰게 되었답니다.

지피지기 백전백승

知彼知己百戰百勝

상대를 알고 나를 알면 백 번 싸워 백 번 이긴다

- **지피지기 백전백승** : 知 알 **지** | 彼 저 **피** | 知 알 **지** | 己 자기 **기** | 百 일백 **백** | 戰 싸울 **전** | 百 일백 **백** | 勝 이길 **승**

- (뜻) 적을 알고 나를 알면 백 번 싸워 백 번 이긴다는 뜻.
- (예문) 지피지기면 백전백승이라고, 상대의 전략을 꿰뚫었으니 이기는 건 시간문제다.

중국 춘추 전국 시대에 손무라는 군사 전략가가 있었어요. 오나라의 왕 합려는 손무를 대장으로 삼고 싶었어요. 그러나 신하들이 반대했지요.

"폐하, 어찌하여 손무를 대장으로 삼으려 하십니까?"

"그만한 능력을 지닌 사람이 없다. 그를 대신하여 다른 나라를 무찌를 만한 자가 있다면 다시 생각해 보겠네."

합려의 생각처럼 손무의 군대는 계속 승리하여 이웃 나라들을 통일했습니다. 손무는 자신의 전투 지식과 경험을 기록하여 『손자병법』이라는 책을 썼어요.

"장군님, 왜 이것을 일일이 기록하십니까?"

부하가 묻자 손무가 대답했습니다.

"전술은 전쟁에서만이 아니라 국가 경영에도 꼭 필요하지. 그중 지피지기면 백전불태를 꼭 명심해야 한다."

"그게 무슨 뜻인지요?"

"알 지(知), 저 피(彼), 알 지(知), 자기 기(己), 일백 백(百), 싸울 전(戰), 일백 백(百), 위태할 태(殆). 적군을 알고 아군을 알면 백 번을 싸워도 위태하지 않다는 뜻이다."

손무가 『손자병법』에 기록한 '지피지기 백전불태'는 사람들에게 전해지면서 '위태할 태(殆)' 자가 '이길 승(勝)' 자로 바뀌어 '지피지기 백전백승'으로 알려지게 되었어요. 적을 알고 나를 알면 백 번 싸워 백 번 이긴다는 뜻이지요. 대결을 벌일 때는 적의 상황뿐 아니라 자신의 상황을 제대로 파악해야 한다는 의미로 사용하는 말이에요.

배수진 背水陣

어떤 일을 이루기 위하여 더는 물러설 수 없음

- **배수진**: 背 등 **배** | 水 물 **수** | 陣 진 칠 **진**
- 겉뜻) 강이나 바다를 등지고 치는 진.
- 속뜻) 어떤 일을 성취하기 위해 더는 물러설 수 없음을 비유적으로 이르는 말.
- 예문) 이번 경기에서 지면 탈락하기 때문에 두 팀 모두 배수진을 치고 공격적인 경기를 펼쳤다.

중국 한나라의 장군 한신은 전쟁을 승리로 이끄는 뛰어난 사람이었어요. 병사들은 모두 그를 믿고 따랐지요. 그런데 한신이 조나라와 싸울 때 강물 바로 앞에다 진을 치자 병사들은 두려워했어요.

"배수진을 치다니! 적에게 쫓기면 어디로 도망치라는 말이지?"

조나라 병사들은 한신을 비웃기까지 했어요.

"한신이 정신이 이상해졌나 봐."

"이번 전쟁에선 보나 마나 우리가 이기겠군!"

이튿날, 힘찬 북소리와 함께 전투가 시작됐어요. 그런데 시간이 지날수록 조나라 병사들은 당황했지요.

"한나라 군사들이 이렇게 강하다니!"

"후퇴하라! 후퇴하라!"

조나라 군사들은 걸음아 날 살려라 도망쳤고, 전쟁은 한나라의 승리로 끝났답니다.

한나라 병사들은 한신에게 왜 강물 앞에 진을 쳤는지 물어봤어요.

"병법에 이르기를, 죽을 곳에 빠진 뒤에야 살 수 있고 망할 곳에 있어야 살아남을 수 있다고 했다. 오늘 우리 병사들은 전투에 처음 나온 사람이 대부분이었다. 그렇지만 바로 뒤에 강물이 있으니, 병사들이 죽지 않기 위해 물러서지 않고 싸웠을 테지."

한신의 말을 들은 병사들은 왜 그가 뛰어난 장군인지 다시 한번 크게 느꼈어요.

등 배(背), 물 수(水), 진 칠 진(陣) 자를 쓰는 '배수진'은 지금도 어떤 목적을 이루기 위해 더는 물러설 수 없음을 뜻하는 말로 써요.

난공불락 難攻不落

공격하기 어려워 쉽게 함락되지 않음

- **난공불락**: 難 어려울 **난** | 攻 칠 **공** | 不 아닐 **불** | 落 떨어질 **락**
  - **겉뜻** 공격하기가 어려워 쉽사리 함락되지 않는다.
  - **속뜻** 다루기 어려운 상대나 일.
  - **예문** 평양성은 난공불락의 요새라 불렸다.
- **비슷한 말**: 철옹성(鐵甕城)
  - **뜻** 쇠로 만든 항아리처럼 튼튼하게 쌓은 산성이라는 뜻으로, 결코 무너지지 않을 만큼 단단하고 강한 성.

촉나라를 세운 유비가 세상을 떠난 뒤, 그의 아들 유선이 황제가 됐어요. 유선은 아버지만큼 현명하지 못했지만, 유비 곁에 있던 제갈량이 함께 있어서 든든했지요. 제갈량은 늘 위나라의 움직임을 지켜보았어요. 언제 촉나라를 공격해 올지 알 수 없었거든요.

"폐하, 이대로는 위험합니다. 위나라를 공격해야겠습니다."

"그대의 뜻이 그러하다면 허락하겠소."

제갈량은 10만 대군을 이끌고 위나라의 장안성을 무너뜨리기 위해 출발했어요. 그런데 이 계획을 이루려면 중간에 있는 진창성을 반드시 정복해야 했지요.

"진창성은 하늘의 은혜로 세워진 요새다. 결코 쉬운 싸움이 아닐 것이다."

"제갈량님, 우리는 10만이고 저들은 겨우 3천에 불과하니 우리가 반드시 이길 것입니다."

그러나 진창성의 학소 장군은 만만한 사람이 아니었어요. 성 위에서 뜨거운 물을 붓고 돌을 던졌으며, 화살을 비처럼 쏘아 제갈량의 군대를 공격했지요. 제갈량의 군대가 20일 동안이나 공격했지만 진창성은 끄떡도 하지 않았어요.

"난공불락이로다! 비록 작은 성이지만 공격하기도 어렵고 너무나 잘 버텨서 함락할 수가 없구나."

제갈량은 눈물을 머금고 물러날 수밖에 없었지요. 그 뒤로 사람들은 해내기에 너무 힘든 일이나 도저히 이길 수 없는 상대와 만났을 때 어려울 난(難), 칠 공(攻), 아닐 불(不), 떨어질 락(落) 자를 써서 '난공불락'이라는 표현을 사용하게 되었어요.

노익장 老益壯

늙었지만 의욕이나 기력이 왕성함

- **노익장**: 老 늙을 **로** | 益 더할 **익** | 壯 씩씩할 **장**

뜻 늙었지만 기력이 왕성하다는 뜻으로, 늙었어도 젊은이 못지않다는 말.

예문 우리 할아버지는 노익장을 과시하며 마라톤 대회에서 우승했다.

반대되는 속담: 세월 앞에 장사 없다.

옛날 중국의 후한이라는 나라에 마황과 마원 형제가 살았어요. 아버지가 일찍 돌아가신 뒤로 두 형제는 서로를 아끼며 바르게 자랐지요. 그런데 마황이 병을 얻어 갑자기 세상을 떠나게 되었어요.

"마원아! 무슨 일이 있더라도 굳세게 살거라……."

마원은 형의 마지막 말을 가슴에 새기며 무예를 익혔어요. 그는 입버릇처럼 말하곤 했습니다.

"대장부가 뜻을 이루고자 한다면 어려울수록 굳세어야 하고, 늙을수록 건장해야 한다!"

세월이 흘러 마원도 어느덧 노인이 되었습니다. 그러나 여느 노인들과는 달랐지요. 그는 여전히 몸이 탄탄했고, 기세 또한 젊은이 못지않았어요.

어느 날 후한에 반란이 일어나 나라가 위태로워지자, 마원은 갑옷을 입고 광무제에게 나아갔습니다.

"적과 싸우다 죽겠습니다!"

"그대는 이미 노인이거늘, 어찌 전쟁터에 나간단 말이오?"

"소인의 나이가 비록 예순두 살이지만 갑옷을 입고 말도 탈 수 있으니 어찌 늙었다고 하겠습니까?"

광무제는 고개를 끄덕이며 그를 전쟁터로 보냈어요. 마원은 노익장을 과시하며 반란군을 무찔렀습니다.

늙을 로(老), 더할 익(益), 씩씩할 장(壯) 자를 쓰는 '노익장'은 말 그대로 '늙음에 강건함을 더했다'라는 뜻이에요. 늙었어도 의욕이나 기력이 왕성할 때 쓰는 말이지요.

용두사미

龍頭蛇尾

처음은 왕성하지만 끝이 부진한 경우에 쓰는 말

- 용두사미: 龍 용 **용** | 頭 머리 **두** | 蛇 뱀 **사** | 尾 꼬리 **미**

(겉뜻) 용의 머리와 뱀의 꼬리.
(속뜻) 시작은 거창하지만 끝마무리가 흐지부지할 때 쓰는 말.
(예문) 그 사업은 용두사미로 끝나 버렸다.

옛날 중국 용흥사라는 절에 진존숙이라는 스님이 있었어요. 진존숙은 부처님께 불공을 드리고 나면 늘 지푸라기로 짚신을 만들어 산길의 나뭇가지에 걸어 두곤 했지요.

사람들은 스님이 왜 그러는지 이해할 수 없었어요.

"나무에 걸어 둘 신발을 뭐 하러 만드십니까?"

"이런 깊은 산길을 걷는 사람이라면 먼 길을 가는 나그네일 것입니다. 그 사람의 아픈 발을 조금이라도 편하게 해 주려고요."

사람들은 진존숙의 깊은 마음을 깨닫고 크게 감동했어요.

어느 날, 진존숙은 처음 보는 스님에게 말을 걸었다가 깜짝 놀랐어요. 그 스님이 갑자기 버럭 소리를 질렀기 때문이에요.

'나를 야단부터 치시다니, 도를 많이 닦은 스님이신가 보다.'

진존숙이 이렇게 생각하고 있을 때, 그 스님이 다짜고짜 또 소리를 질렀습니다.

'용두사미. 겉으로는 용의 머리처럼 훌륭한 스님으로 보이지만 어쩌면 뱀의 꼬리처럼 형편없는 사람인지도 모르지.'

이렇게 생각한 진존숙은 스님에게 차분히 말했어요.

"소리를 쳤으면 이유가 무엇인지 말씀해 보시지요."

그러자 그 스님은 슬그머니 자리를 피해 버렸어요. 자기가 소리를 지르면 다들 대단한 인물인 줄 알고 피했는데, 진존숙은 그러지 않았기 때문이지요.

용 용(龍), 머리 두(頭), 뱀 사(蛇), 꼬리 미(尾) 자를 쓰는 '용두사미'는 용의 머리와 뱀의 꼬리라는 뜻으로, 시작은 거창하지만 끝마무리가 흐지부지하거나 형편없을 때 쓰는 말이에요.

5장 성격과 행동을 나타내는 고사성어

감언이설 甘言利說

남의 비위를 맞추거나 이로운 조건을 내세워 꾀는 말

- 감언이설 : 甘 달 **감** | 言 말씀 **언** | 利 이로울 **이** | 說 말씀 **설**
- (겉뜻) 달콤한 말과 이로운 말.
- (속뜻) 귀가 솔깃하도록 남의 비위를 맞추거나 이로운 조건을 내세워 꾀는 말.
- (예문) 그는 떼돈을 벌어 주겠다는 감언이설에 속아 장사 밑천을 떼이고 말았다.

"이임보는 아직 오지 않았느냐? 어서 만나고 싶구나!"

당나라 황제 현종은 이임보를 좋아했어요. 그와 이야기하면 온갖 근심이 사라지고 자기가 정말 훌륭한 황제인 것 같았거든요.

그 무렵 현종은 아름다운 양귀비에게 빠져서 나랏일은 뒷전이었어요. 그래서 신하들은 정치에 신경 써야 한다며 현종에게 쓴소리를 했지만 이임보는 달랐어요.

"폐하! 양귀비 마마와 즐겁게 지내시니 저도 행복합니다. 폐하가 좋으시면 백성들도 좋은 것이니 신경 쓰지 마시옵소서."

"하하하, 너와 이야기를 하면 정말 기분이 좋구나! 다른 신하들도 너 같으면 얼마나 좋을꼬?"

이임보는 현종의 신임을 얻은 뒤에 자기 말을 잘 듣는 사람들을 현종에게 소개했어요. 그리고 백성들의 어려운 처지는 현종에게 들리지 않게 막았지요. 그래서 현종 주변에는 충신들이 점점 사라지고, 달콤한 말만 하는 간신들이 많아졌어요.

시간이 흐르자 당나라 곳곳에서 난이 일어났어요. 먹고살기 힘들어진 백성들이 반기를 든 것이지요. 그런데도 이임보는 현종에게 거짓말만 일삼았어요. 나중에 현종은 이런 모든 사실을 알고 이임보를 비롯한 간신을 모조리 없앴어요. 그리고 감언이설이 얼마나 위험한 것인지 깨달았어요.

달 감(甘), 말씀 언(言), 이로울 이(利), 말씀 설(說) 자를 쓰는 '감언이설'은 달콤한 말과 이로운 말이라는 뜻이에요. 다시 말해 자기 목적을 이루려고 남의 비위를 맞추는 달콤한 말을 뜻하지요.

표리부동 表裏不同

겉으로 드러나는 언행과 속으로 하는 생각이 다름

● 표리부동 : 表 겉 **표** | 裏 속 **리** | 不 아닐 **부** | 同 같을 **동**

(겉뜻) 겉과 속이 같지 않다.
(속뜻) 겉으로 드러나는 언행과 속으로 품는 생각이 다르다.
(예문) 그는 표리부동한 사람으로 소문이 자자하다.

북곽 선생은 지은 책이 만 권이 넘을 정도로 학식이 풍부하고 겸손하기까지 해서 사람들에게 존경받는 인물이었어요.

　　어느 날, 호랑이 한 마리가 북곽 선생 소문을 들었어요. 높은 벼슬아치들을 잡아먹으면 자꾸 체했기 때문에 인품이 훌륭한 사람을 먹어 보고 싶었지요. 그런데 호랑이가 찾아온 날 밤에 북곽 선생은 똥통에 빠져 있었어요. 동리자라는 홀어미와 남몰래 만나다가 동리자의 아들들에게 들켰는데, 급히 도망치다 발을 헛디딘 탓이었죠.

　　호랑이와 마주친 북곽 선생은 혼비백산하여 넙죽 엎드렸어요.

　　"호랑이 선생님, 제발 목숨만 살려 주세요!"

　　"구린내가 진동하니 가까이 오지 마라!"

　　호랑이는 코를 감싸 쥔 채, 입으로는 예의범절을 말하면서 한심하게 사는 양반들의 행태를 꾸짖었어요. 잠시 뒤 북곽 선생이 슬며시 고개를 들었을 때 호랑이는 사라지고 없었어요. 그런데 새벽에 나온 한 농부가 똥투성이 북곽 선생을 보고 깜짝 놀라 물었지요.

　　"아이고, 선생님! 이게 무슨 일인가요?"

　　"하늘이 높다고 일컫지만 감히 몸을 굽히지 않을 수 없네."

　　북곽 선생은 하늘에 절하는 척하면서 엉뚱한 소리만 했어요.

　　이 이야기는 조선 시대 실학자인 박지원의 단편 소설 「호질(호랑이의 꾸짖음)」에 나오는 내용이에요. 호랑이도 잡아먹지 않을 만큼 겉과 속이 다른 양반의 모습을 우스꽝스럽게 묘사하고 있지요.

　　겉 표(表), 속 리(裏), 아닐 부(不), 같을 동(同) 자를 쓰는 '표리부동'은 '겉과 속이 같지 않다'라는 뜻이에요. 겉으로 드러나는 모습과 속마음이 다른 것을 비판할 때 주로 쓰지요.

적반하장 賊反荷杖

잘못한 사람이 아무 잘못도 없는 사람을 나무람

- **적반하장**: 賊 도둑 **적** | 反 돌이킬 **반** | 荷 멜 **하** | 杖 몽둥이 **장**

(겉뜻) 도둑이 오히려 매를 든다.
(속뜻) 잘못한 사람이 아무 잘못도 없는 사람을 혼내는 경우를 가리키는 말.
(예문) ① 적반하장도 유분수지.
　　　② 잘못은 네가 저질러 놓고 나한테 화를 내다니, 적반하장이다.

아주 먼 옛날, 평화로운 어느 마을에 도둑이 들었어요.

"이를 어떡해! 시어머니가 물려주신 옥반지가 없어졌어요!"

사람들은 도둑맞은 물건도 아까웠지만 무엇보다 무서워서 잠을 잘 수가 없었어요. 밤마다 도둑이 돌아다닌다고 생각하니 머리칼이 쭈뼛 서는 것 같았지요.

고민하던 마을 노인들은 뒷산 바위 아래에 보물이 묻혀 있다고 소문을 냈어요. 도둑이 듣고 그곳에 나타나면 잡을 생각이었죠.

며칠이 지난 어느 날 밤, 마침내 도둑이 나타났어요. 바위 뒤에 숨어 있던 노인들은 숨을 죽이고 도둑이 가까이 올 때까지 기다렸어요.

"요놈, 잡았다!"

"동네 사람들, 어서 나와 보게! 드디어 도둑을 잡았어!"

노인들은 몽둥이를 휘두르며 소리쳤어요. 그러자 도둑이 몸을 휙 돌리더니 몽둥이를 빼앗고는 노인들에게 으름장을 놓았어요.

"내가 왜 도둑이에요? 할아버지들이 도둑이지!"

도둑은 마을 청년이었어요. 마을 사람들이 모두 달려왔을 때는 청년과 노인들이 서로 노려보고 있어서, 도대체 누가 도둑인지 알 수 없었지요. 그러자 한 여인이 말했어요.

"적반하장이로군! 저놈이 도둑이에요! 몽둥이를 빼앗고 되레 어르신들을 도둑으로 몰았어요."

이처럼 잘못한 사람이 멀쩡한 사람에게 오히려 큰소리를 치며 나무랄 때 '적반하장'이라고 해요. 도둑 적(賊), 돌이킬 반(反), 멜 하(荷), 몽둥이 장(杖) 자를 써서 도둑이 오히려 매를 든다는 뜻이에요.

안하무인 眼下無人

다른 사람을 업신여김

- **안하무인**: 眼 눈 **안** | 下 아래 **하** | 無 없을 **무** | 人 사람 **인**
- (겉뜻) 눈 아래에 사람이 없다는 뜻.
- (속뜻) 방자하고 교만하여 다른 사람을 업신여김을 이르는 말.
- (예문) 사람이 돈을 좀 벌더니 안하무인이 되었다.

옛날 중국 명나라의 송강이라는 곳에 엄씨 부부가 살았어요. 부부는 아이가 생기지 않아 걱정이었는데, 혼인한 지 10년 만에 드디어 아들이 태어났어요.

"귀하디귀한 우리 아들! 이 세상 누구보다도 귀하지!"

부부는 아이를 어렵게 얻었기 때문에 아이가 원하는 것은 무엇이든 들어주었고, 잘못을 해도 야단치지 않았어요. 그랬더니 아들은 친구들을 때리는 등 제멋대로 행동했지요.

"저러다 큰일 나겠네. 당신 아들 좀 따끔하게 야단치시오!"

"더 크면 저절로 고쳐지겠지요. 아직은 어리니까 그냥 놔둬도 괜찮아요."

엄씨 부부는 아들이 어떤 행동을 해도 웃으며 넘어갔어요.

세월이 흘러 장성한 아들은 술친구를 사귀어 어울리더니, 노름에까지 빠져 돈을 펑펑 쓰는 등 계속 방탕한 생활을 했어요. 엄씨 부부는 뒤늦게야 아들을 꾸짖어 보았지만 아무 소용이 없었지요.

"그래서 아버지가 평생 큰돈을 벌지 못한 겁니다!"

"이 녀석이! 이젠 네 아비마저 안 보이는 게냐?"

급기야 아들은 아버지와 주먹다짐까지 했지요. 사람들은 엄씨 아들을 보며 이렇게 말하곤 했습니다.

"엄씨네 아들은 눈 아래에 보이는 사람이 없나 봐요."

안하무인이 된 아들을 보며 엄씨 부부는 크게 후회했어요.

눈 안(眼), 아래 하(下), 없을 무(無), 사람 인(人) 자를 쓰는 '안하무인'은 눈 아래에 사람이 없다는 뜻으로, 다른 사람을 업신여기는 태도를 가리켜요.

자화자찬

自畫自讚

자기가 한 일을 스스로 자랑함

- **자화자찬**: 自 스스로 **자** | 畫 그림 **화** | 自 스스로 **자** | 讚 칭찬할 **찬**
  - (겉뜻) 자기가 그린 그림을 스스로 칭찬하다.
  - (속뜻) 자기가 한 일을 스스로 자랑하다.
  - (예문) 그는 자신의 작품이 세계적인 수준이라며 자화자찬을 늘어놓았다.
- **비슷한 말**: 자아도취(自我陶醉)
  - (뜻) 스스로에게 황홀하게 빠지는 일.

"강세황이 그린 이 폭포를 보게. 호쾌한 물소리가 들리는 듯하군!"
사람들은 강세황의 그림을 볼 때마다 입이 저절로 벌어졌어요.

강세황은 조선 시대를 대표하는 화가예요. 산과 강을 그린 산수화도 훌륭하지만 매화, 난초, 국화, 대나무를 그린 사군자가 선비들에게 더 큰 사랑을 받았지요. 사군자가 선비들의 충성심과 겸손함 그리고 검소함을 잘 나타냈기 때문이에요.

강세황은 70세가 되자 자기 초상화를 그렸어요. 도포를 입고 단정히 앉아 입을 꾹 다물고 있는 모습은 70년 동안 바르게 살아온 그의 마음을 표현한 것 같았지요.

"훌륭하군! 여기에 자네 생각을 적어 넣으면 더 좋지 않을까?"
친구의 말을 듣고 강세황은 그림에 글을 적어 넣었어요.

저 사람은 어떤 사람인가? 수염과 눈썹이 하얗구나.
가슴에는 만 권의 책을 간직하였지만 세상 사람들이 어찌 알리?
나 혼자 즐기노라.
노인의 나이 일흔이요, 초상을 스스로 그리고 화찬도 손수 쓰네.

'화찬'이란 그림의 여백에 적는 찬사의 글이에요. 우리나라뿐만 아니라 중국, 일본에서도 그림을 그린 뒤에 화찬을 적곤 했지요.

스스로 자(自), 그림 화(畫), 스스로 자(自), 칭찬할 찬(讚) 자를 쓰는 '자화자찬'은 자기가 그린 그림을 스스로 칭찬한다는 뜻이에요. 오늘날에는 그 뜻이 조금 바뀌어 자기가 한 일을 스스로 자랑한다는 의미로 사용한답니다.

외유내강 外柔內剛

겉으로는 부드러워 보이지만 속은 굳셈

- **외유내강**: 外 바깥 **외** | 柔 부드러울 **유** | 內 안 **내** | 剛 굳셀 **강**
- (뜻) 겉으로는 부드럽고 순하게 보이지만 속은 곧고 굳세다.
- (예문) 저 아이는 겉으로는 한없이 순해 보여도 알고 보면 외유내강의 성격을 지녔다.

중국 당나라 때 노탄이라는 관리가 있었어요. 언제나 부드럽게 웃는 얼굴이었지만 올곧고 굳센 사람이었어요. 누가 불의를 저지르거나 나랏일이 올바르게 결정되지 않으면 두려워하지 않고 늘 바른말을 했지요. 그의 상관은 그런 노탄이 눈엣가시였답니다.

"높은 관리의 아들이 재물을 물 쓰듯이 하며 여기저기 놀러 다닌다는데 왜 가만 놔두는 게냐?"

"재물을 물 쓰듯이 할 정도로 돈이 많다면 틀림없이 옳지 않은 방법으로 모았을 것입니다."

"그렇다면 당장 잡아들여야 하지 않겠느냐!"

"부당하게 모은 재물을 마구 쓴다면 그 돈이 결국은 백성에게 돌아갑니다. 그러니 그대로 두는 편이 낫지요."

노탄의 설명에 상관은 더는 할 말이 없었어요.

그러던 어느 날, 황제가 요남중이라는 사람을 군대의 관리로 임명하려 하자 군대 감독관이 크게 반대했어요.

"그는 글만 읽는 사람에 불과하므로 군대에 알맞지 않습니다."

이때 노탄이 나서서 말했어요.

"요남중은 겉으로는 책만 읽은 선비처럼 부드러워 보이지만 속은 누구보다 단단하고 강한 사람입니다. 그런 사람이 군대를 관리한다면 이 나라가 더욱 강해질 것입니다."

황제는 노탄의 말에 따라 요남중을 군대의 관리로 임명했어요.

그러자 사람들은 노탄이야말로 겉은 부드럽지만 속은 강한 사람이라며 칭찬했어요. 바깥 외(外), 부드러울 유(柔), 안 내(內), 굳셀 강(剛) 자를 쓰는 '외유내강'이라는 말은 바로 이때 생겨났지요.

환골탈태 換骨奪胎

사람이 더 좋은 쪽으로 변하여 전혀 딴사람이 됨

● 환골탈태: 換 바꿀 환 | 骨 뼈 골 | 奪 빼앗을 탈 | 胎 태 태

뜻① 뼈대를 바꾸어 끼고 태를 바꾸어 씀.
뜻② 사람이 더 나은 방향으로 변하여 전혀 딴사람이 됨.
예문 그렇게나 말썽 부리던 아이가 저렇게 환골탈태하다니, 마치 딴사람 같다.

비슷한 말: 변신(變身)
뜻 본래 모습과 완전히 달라진 상태.

중국 주나라의 교 왕자는 백성을 매우 아끼고 사랑했어요. 그래서 아버지인 영왕이 백성을 괴롭히는 것을 더는 참을 수 없었지요.

"아바마마! 제발 백성들의 상황을 살펴 주옵소서!"

"이런 발칙한 놈을 보았나! 감히 내게 잔소리를 하느냐?"

영왕은 화가 나서 교 왕자를 궁에서 내쫓았어요. 하루아침에 평민이 된 교 왕자는 정처 없이 걷다가 어떤 강가에 이르렀어요. 그곳에서는 머리와 수염이 눈처럼 희고 긴 노인들이 아름다운 배에 앉아 술을 마시고 있었지요.

"어서 오게, 젊은이! 술 한 잔 받게나."

"괜찮습니다."

"그러지 말고 한잔하게나. 이 술을 마시면 뼈가 바뀌고 태를 벗게 될 걸세."

교 왕자는 마침 목이 말라 술을 받아 마셨어요. 그러자 공중으로 붕 뜨는 기분이 들더니 세상이 새롭게 보이고 온몸에 힘이 넘쳤어요.

"어? 내 모습이!"

교 왕자는 강물에 비친 자기 모습을 보고 깜짝 놀랐어요. 얼굴에서 빛이 나는 다른 사람이 되어 있었기 때문이에요.

"자네는 이제 신선이 됐다네. 예전부터 우리는 백성을 사랑하는 자네의 마음을 귀하게 여겼지."

교 왕자는 완전히 모습을 바꾸어 환골탈태했습니다.

바꿀 환(換), 뼈 골(骨), 빼앗을 탈(奪), 태 태(胎) 자를 쓰는 '환골탈태'는 뼈대를 바꾸어 끼고 태를 바꾸어 쓴다는 뜻으로, 사람이 좋은 방향으로 변해서 완전히 딴사람이 됐을 때 쓰는 말이에요.

후안무치 (厚顔無恥)

뻔뻔스러워 부끄러움이 없음

- **후안무치** : 厚 두터울 **후** | 顔 얼굴 **안** | 無 없을 **무** | 恥 부끄러울 **치**

- (겉뜻) 얼굴 가죽이 두꺼워 부끄러움을 모른다는 뜻.
- (속뜻) 뻔뻔스러워서 부끄러움이 없는 사람을 이르는 말.
- (예문) 그는 잘못을 사과하기는 커녕 오히려 후안무치한 행동을 하여 동료들을 화나게 했다.

비슷한 말
- 파렴치(破廉恥) : 염치를 모르고 뻔뻔스러움.
- 철면피(鐵面皮) : 쇠로 만든 낯가죽이라는 뜻으로, 염치가 없고 뻔뻔스러운 사람을 낮잡아 이르는 말.

옛날 중국 하나라의 계왕에게는 큰 걱정거리가 있었어요. 왕위를 물려받아야 할 큰아들이 매일 사냥이나 하며 놀러만 다녔기 때문이에요. 혼내기도 하고 달래기도 했지만 소용이 없었어요. 동생들도 첫째 왕자가 사냥을 나갈 때면 앞을 가로막고 간절히 말했어요.

"형님, 이러시면 안 됩니다. 백성들이 지켜보고 있습니다!"

"나는 이 나라를 물려받을 왕자다! 하고 싶은 대로 할 것이다."

이런 소문을 들은 유궁국의 왕 후예는 첫째 왕자가 사냥하는 길을 막아 버리고 하나라를 공격하기로 마음먹었어요. 그런 사실을 까맣게 모른 채 사냥을 나간 첫째 왕자는 곳곳에 유궁국의 군사들이 깔려 있는 것을 보고 깜짝 놀랐어요.

"저놈들이 우리 나라를 공격하려고 하는구나."

첫째 왕자는 나라에 알릴지, 이대로 도망칠지 망설이다가 겁이 나서 산속으로 숨어 버렸어요. 며칠 후에 첫째 왕자가 궁으로 돌아갔을 때는 적의 공격으로 이미 수많은 백성이 목숨을 잃은 뒤였어요.

계왕은 불같이 화를 했어요.

"너는 적들이 우리를 공격할 것을 알고도 가만있었다는 말이냐?"

첫째 왕자는 궁에서 쫓겨나 산속을 헤매다가 비참하게 죽고 말았어요. 막냇동생은 「오자지가」라는 노래를 부르며 부끄러워했지요.

"백성들이 우리를 원수로 여기니 얼굴이 뜨겁고 부끄럽구나."

훗날 두터울 후(厚)에 얼굴 안(顏) 자를 써서 얼굴이 두껍다는 뜻의 '후안'과 없을 무(無)에 부끄러울 치(恥) 자를 써서 부끄러움을 모른다는 뜻의 '무치'가 합쳐져 '후안무치'라는 고사성어가 생겨났어요. 부끄러움을 모르고 뻔뻔한 사람을 가리킬 때 쓰는 말이지요.

아전인수 我田引水

자기한테만 이로워지게 생각하거나 행동함

- **아전인수**: 我 나 **아** | 田 밭 **전** | 引 끌 **인** | 水 물 **수**
- (겉뜻) 자기 논에 물을 대다.
- (속뜻) 자기에게만 이로워지도록 생각하거나 행동함을 이르는 말.
- (예문) 그들은 서로 아전인수 격으로 자기 이익만 챙기며 일했다.
- (비슷한 속담): 제 논에 물 대기

어느덧 따뜻한 봄이 왔어요. 산과 들이 푸릇푸릇해지고 아름다운 꽃이 피어나자, 마을 사람들은 부지런히 한 해 농사를 준비했어요.

"물길이 잘 터야 할 텐데……."

"어서 강에서 물을 끌어옵시다!"

마을 사람들은 강에서 논까지 물을 끌어오기 위해 물길을 만들었어요. 앞집 논에 물길을 낸 다음에는 옆집 논으로, 또 그다음에는 뒷집 논으로 계속 물길을 냈지요. 얼마 후, 큰 나뭇가지에서 잔가지가 뻗어 나가는 것처럼 여기저기로 물이 골고루 흐르며 논마다 물이 가득 찼어요.

그런데 어느 날 갑자기 물길이 딱 끊겨 버렸어요.

"아니, 대체 어떻게 된 일이지?"

"큰일일세. 벌써 절반이 넘는 논에 물이 말라 버렸어!"

무슨 일이 생겼는지 알아보려고 사람들이 서둘러 강으로 달려갔더니, 지난번에 만들어 놓은 물길이 꽉 막히고 다른 쪽으로 뚫려 있었어요. 그 물줄기를 따라가 본 사람들은 어이가 없었어요. 욕심쟁이로 소문난 영감의 논에 물이 가득했기 때문이지요.

"자기 논에만 물을 채우다니!"

"당장 물길을 바꿔 놓지 못해요!"

욕심쟁이 영감은 그제야 물길을 본래대로 돌려놓았답니다.

나 아(我), 밭 전(田), 끌 인(引), 물 수(水) 자를 쓰는 '아전인수'는 말 그대로 '자기 논에 물 대기'라는 뜻이에요. 자기 이익만 챙기는 이기적인 태도를 가리키는 말이지요.

인면수심 人面獸心

마음이나 행동이 몹시 흉악함

- **인면수심**: 人 사람 **인** | 面 낯 **면** | 獸 짐승 **수** | 心 마음 **심**
- (겉뜻) 사람의 얼굴을 하고 있지만 마음은 짐승과 같다.
- (속뜻) 마음이나 행동이 몹시 흉악하다.
- (예문) 가난한 사람들에게 베풀어야 할 종교인들이 오히려 인면수심의 짓을 저질렀다.

비슷한 말: 인두겁을 쓰다
(뜻) 겉으로만 사람 형상을 했다는 뜻으로, 행실이나 바탕이 사람답지 못함을 이르는 말.

옛날 중국 한나라의 황제인 무제는 서쪽 나라에 비단을 많이 팔아 돈도 벌고 나라의 힘도 키우고 싶었어요. 그러나 중간에서 막고 있는 흉노족 때문에 쉽게 오갈 수가 없었어요.

"흉노족은 정말 잔인한 놈들이옵니다."

"얼굴만 사람일 뿐, 성질이 흉악하기 짝이 없사옵니다."

신하들은 흉노족이 너무 포악해서 피할 방법도, 이길 방법도 없다고 두려워했지요. 고민하던 한무제는 부하 장건을 불렀어요.

"대월지로 가서, 흉노를 함께 물리치자고 말해 보거라!"

장건은 흉노족 몰래 대월지까지 갔지만 원하는 답을 듣지는 못했어요. 그러나 한무제는 장건이 무사히 돌아와 매우 기뻐했어요.

"비록 대월지를 우리 편으로 만들지는 못했지만 네가 갔던 길을 지도로 그려 보거라. 그 길로 다니면 상인들이 흉노족을 피해서 안전하게 서쪽 나라를 오갈 수 있겠구나."

그 뒤, 한나라 상인들은 장건이 알려 준 대로 중앙아시아를 거쳐 로마까지 오가며 장사를 할 수 있게 되었어요. 이 길을 따라 중국의 비단이 로마까지 전해졌기 때문에 '비단길'이라고 불렸답니다.

훗날 후한의 역사학자 반고는 『한서 열전』이라는 책에 흉노족을 '인면수심'이라고 표현했어요. 사람 인(人), 낯 면(面), 짐승 수(獸), 마음 심(心) 자를 쓰는데, 글자 그대로 풀이하면 사람의 얼굴을 하고 있지만 마음은 짐승과 같다는 뜻이지요. 오늘날에는 인간으로서 도저히 할 수 없는 잔인하고 음흉한 일을 저질렀을 때 '인면수심'이라고 표현해요.

오월동주 (吳越同舟)

서로 적으로 대하던 사람들이 이익을 위해 함께함

- **오월동주**: 吳 나라 이름 **오** | 越 나라 이름 **월** | 同 같을 **동** | 舟 배 **주**
- (겉뜻) 오나라 사람과 월나라 사람이 같은 배를 탐.
- (속뜻) 서로 적의를 품은 사람들이 한자리에 있게 된 경우나 서로 협력해야 하는 상황을 비유적으로 이르는 말.
- (예문) 기업의 미래를 위해 경쟁사와 오월동주 할 필요도 있다.

중국 춘추 시대에 오나라와 월나라는 시도 때도 없이 전쟁을 해서 서로 원수처럼 지냈어요. 백성들도 다른 나라에 갔다가 서로 마주치면 싸움을 벌일 정도였지요.

어느 날, 두 나라 사이를 흐르는 강에서 오나라와 월나라 사람들이 같은 배를 타게 됐어요.

"오늘따라 재수가 없네. 저놈들하고 같은 배를 타다니!"

"배가 왜 이리 느릿느릿 가는 거야? 얼른 건너면 좋겠는데."

두 나라 사람들은 서로 힐끔거리며 투덜댔지요.

배가 강 한복판에 다다랐을 때였어요. 우르릉 쾅쾅! 갑자기 먹구름이 몰려와 하늘이 어두워지더니 천둥 번개가 치고 비가 억수같이 쏟아졌어요. 바람까지 거칠게 부는 탓에 배가 기우뚱거려 제대로 서 있기조차 힘들었지요.

뱃사공들은 돛을 펴기 위해 밧줄을 풀기 시작했어요. 그러나 배가 너무 흔들려서 뜻대로 되지 않았지요. 바로 그때, 배가 높이 솟더니 한쪽으로 크게 기울었어요. 그러자 오나라, 월나라 할 것 없이 젊은이들이 돛대로 달려들어 밧줄을 풀기 위해 다 같이 힘을 모았어요.

잠시 후, 돛이 쫙 펴지면서 배가 균형을 되찾았어요. 비바람은 여전히 거셌지만 사람들 표정은 밝았어요. 그 뒤로 '오월동주'라는 말이 생겨났답니다. 나라 이름 오(吳), 나라 이름 월(越), 같을 동(同), 배 주(舟) 자를 쓰는 이 말은 '오나라 사람과 월나라 사람이 같은 배를 타다'라는 뜻으로, 서로 사이가 좋지 않았지만 어려운 일이 생겼을 때 서로 힘을 합쳐 이겨 낸다는 의미로 쓰여요.

배은망덕 背恩忘德

남에게 입은 은혜를 저버리고 배신함

- **배은망덕** : 背 배반할 **배** | 恩 은혜 **은** | 忘 잊을 **망** | 德 덕 **덕**
- (뜻) 은혜를 배반하고 받은 덕을 잊는다는 뜻으로, 어려울 때 받은 도움을 잊고 오히려 큰 잘못을 저지른다는 말.
- (예문) 그는 **배은망덕**을 저지르고도 뻔뻔하게 얼굴을 들고 다녔다.
- **비슷한 속담** : 개도 제 주인을 보면 꼬리 친다.

옛날 옛적에 한 어부가 바다에 떠내려가는 노루와 뱀 그리고 어떤 청년을 건져 주었어요. 며칠 뒤, 노루가 나타나 어부를 뒷산으로 이끌고 가더니 땅을 파라는 시늉을 했어요. 그곳을 파 본 어부는 깜짝 놀랐어요. 커다란 금덩이가 묻혀 있었거든요.

마을 사람들은 어부 마음씨가 착해서 복을 받았다며 함께 기뻐해 주었어요. 그런데 어부 덕분에 목숨을 건진 청년은 샘이 나서 견딜 수가 없었어요. 그래서 사또를 찾아가 거짓말을 했지요.

"어부는 황금을 도둑질해서 부자가 된 것입니다."

어부는 모함을 받아 감옥에 갇히고 말았어요. 그런데 그날 밤에 어부는 독거미에게 물려 사경을 헤맸어요. 바로 그때, 물에서 건져 준 뱀이 나타나 어부의 상처에 풀잎을 붙여 주었어요. 덕분에 어부는 다음 날 거뜬히 일어날 수 있었지요.

"이 풀잎은 귀한 약초가 틀림없어. 잘 간직해 둬야겠다."

얼마 후, 사또가 독거미에 물려 목숨이 위태롭다는 말을 듣고 어부는 약초를 사또에게 전했어요. 덕분에 목숨을 건진 사또는 무척 고마워하며 어부에게 물었어요.

"당신 같은 사람이 왜 도둑질을 했소?"

어부가 자초지종을 말하자 사또는 당장 청년을 잡아들였어요.

"목숨을 살려 줬는데 은혜를 원수로 갚다니, 배은망덕한 놈!"

사또는 청년에게 큰 벌을 내렸답니다.

이 이야기에 나오는 청년처럼 상대방에게 받은 도움을 잊고 오히려 큰 잘못을 저지르는 행동을 '배은망덕'이라고 해요. 배반할 배(背), 은혜 은(恩), 잊을 망(忘), 덕 덕(德) 자를 쓰지요.

수수방관 袖手傍觀

간섭하거나 거들지 않고 그대로 버려둠

- **수수방관**: 袖 소매 **수** | 手 손 **수** | 傍 곁 **방** | 觀 볼 **관**
- (겉뜻) 팔짱을 끼고 보고만 있다는 뜻.
- (속뜻) 간섭하거나 거들지 않고 그대로 버려둠을 이르는 말.
- (예문) 학교에서는 아이들의 왕따 문제를 수수방관했다.
- (비슷한 속담) 강 건너 불구경

"엄마, 손이 시려요!"

"그럴 땐 '수수'를 하면 된단다."

"수수가 뭐예요?"

"팔짱을 끼는 거야. 이렇게 양쪽 옷소매 속에 손을 집어 넣어 봐."

아이는 엄마가 하는 대로 따라 해 보았어요. 그러자 꽁꽁 얼었던 손이 금세 따듯해졌어요. 그리고 보니 지나가는 사람들도 양쪽 소매에 손을 집어넣은 채 움츠리며 걷고 있었어요.

옛날에는 옷에 주머니가 없었어요. 그래서 손이 시릴 때는 양쪽 소매 속에 반대편 손을 집어넣고 다녔답니다.

어느 날 저녁, 아이는 실컷 놀고 집으로 가다가 강가에 동네 사람들이 잔뜩 모여 있는 광경을 봤어요.

'강바람이 매섭게 차가운데 왜 저렇게 모여 있지?'

어른들 틈을 비집고 들어가 앞을 바라본 아이는 깜짝 놀랐어요. 건넛마을에 큰불이 나서 집들이 활활 타고 있었거든요. 이렇게 멀리서도 불기둥이 보일 정도였지요.

"아저씨, 얼른 가서 도와야죠!"

"강을 건너갈 배가 한 척도 없단다. 안타깝지만 이렇게 바라볼 수밖에 없구나."

어른들은 팔짱을 낀 채로 강 건너편을 바라보고만 있었어요. 불이 났는데도 '방관'만 하다니, 아이는 속상했지요.

이처럼 팔짱을 끼고 강 건너 불구경하듯 어떤 일을 보고도 그냥 가만히 있는 것을 '수수방관'이라고 한답니다.

지록위마 指鹿爲馬

윗사람을 농락하여 권세를 휘두름

○ **지록위마**: 指 가리킬 지 | 鹿 사슴 록 | 爲 할 위 | 馬 말 마

뜻① 사슴을 손가락으로 가리켜 말이라고 한다는 뜻으로, 윗사람을 속여 권세를 휘두르는 경우를 이르는 말.
(예문) 정치인들은 항상 지록위마 같은 발언으로 난처한 상황을 벗어나려고 한다.

뜻② 모순된 것을 끝까지 우겨서 남을 속이려는 짓을 비유적으로 이르는 말.
(예문) 사기꾼의 지록위마 같은 화술에 홀딱 넘어갔다.

중국 진나라의 관리 조고는 진시황이 세상을 떠나자 태자인 부소를 죽이고 그 동생인 호해를 황제로 앉혔어요. 호해가 어렸기 때문에 자기 마음대로 정치를 하려는 속셈이었지요. 조고는 날마다 잔치를 열어 어린 호해를 놀기 좋아하는 황제로 만들어 버렸답니다.

진나라의 모든 권력을 거머쥔 조고는 두려울 것이 없었어요.

"드디어 내 세상이로구나!"

이제 조고는 자기를 반대할 신하와 고분고분 따라올 신하를 구분하려고 교묘한 꾀를 냈어요. 조고는 호해와 신하들 앞에 사슴 한 마리를 끌어다 놓고 물었지요.

"폐하, 저것은 참으로 좋은 말입니다. 폐하를 위해 구했습니다."

"농담하지 마시오. 사슴을 가리켜 말이라니, 무슨 소리요?"

"아닙니다. 말이 틀림없습니다."

조고가 우기자, 호해가 신하들에게 물었어요.

"그대들이 말해 보시오. 저것이 말이오, 아니면 사슴이오?"

대부분의 신하들은 조고가 두려워 말이라고 대답했지만, 양심이 있는 사람들은 사슴이라고 대답했어요. 조고는 사슴이라고 대답한 사람들을 똑똑히 기억해 두었다가 나중에 누명을 씌워 죽였어요. 그 뒤로는 어느 누구도 감히 조고에게 반대하지 못했지요.

이때부터 윗사람을 교묘하게 속여 마음대로 이용하는 경우를 두고 '지록위마'라고 표현했어요. 가리킬 지(指), 사슴 록(鹿), 할 위(爲), 말 마(馬) 자를 쓰는데, 한자 그대로 해석하면 사슴을 손가락으로 가리켜 말이라고 한다는 뜻이에요.

6장 알고 보면 재미있는 고사성어

화룡점정 畫龍點睛

어떤 일에 가장 중요한 부분을 완성함

- **화룡점정**: 畫 그림 **화** | 龍 용 **룡** | 點 점 찍을 **점** | 睛 눈동자 **정**
- **겉뜻** 용을 그린 다음에 마지막으로 눈동자를 그려 넣음.
- **속뜻** 무슨 일을 하는 데에 가장 중요한 부분을 완성함.
- **예문** 이 영화는 마지막 장면이 정말 화룡점정이었어.

비슷한 말: 대미를 장식하다
뜻 어떤 일의 맨 마지막을 인상 깊고 의미 있게 만들다.

옛날 중국 양나라에 장승요라는 유명한 화가가 살았어요. 그가 그린 그림이 살아 움직이더라는 소문이 날 정도로 그는 그림 실력이 매우 뛰어났지요.

어느 날, 장승요는 안락사라는 절에 가서 벽면에 멋진 용 두 마리를 그렸어요.

"이야! 꿈틀꿈틀 살아 움직이는 것 같아."

"하늘이 내린 솜씨로군."

"소문대로구먼. 정말 대단해!"

사람들은 용 그림을 보고 한목소리로 칭찬했어요. 그런데 희한하게도 장승요는 용의 눈동자를 그리지 않았어요.

"얼른 눈을 그려 그림을 완성하십시오. 그래야 더 아름답지요."

그러나 장승요는 고개를 저었어요.

"눈을 그리면 용이 날아가 버린다네."

"에이, 설마요!"

사람들이 자기 말을 믿지 않자, 장승요는 용 한 마리에 눈동자를 그려 넣었어요. 그러자 갑자기 그림 속 용이 꿈틀꿈틀 움직이더니 하늘로 번쩍 날아올랐지요. 사람들은 구름 속으로 사라지는 용을 멍하니 쳐다보기만 했어요. 정신을 차렸을 때는 벽에 눈동자 없는 용 한 마리만 덩그러니 남아 있었답니다.

그 뒤로 사람들은 어떤 일을 완성하는 데 가장 중요한 일을 '화룡점정'이라고 했어요. 그림 화(畫), 용 룡(龍), 점 찍을 점(點), 눈동자 정(睛) 자를 쓰는 이 고사성어를 그대로 해석하면 '용을 그린 다음에 마지막으로 눈동자를 그려 넣는다'라는 뜻이에요.

조삼모사 朝三暮四

간사한 꾀로 남을 속여 희롱함

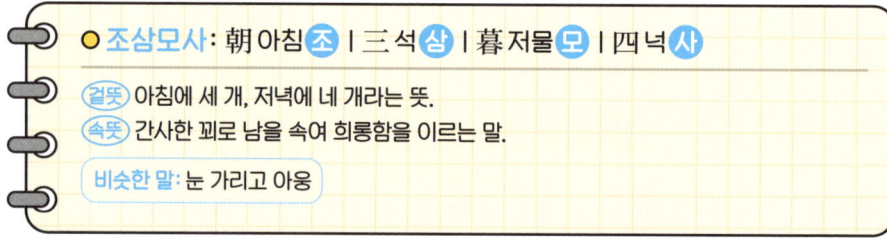

- **조삼모사**: 朝 아침 **조** | 三 석 **삼** | 暮 저물 **모** | 四 넉 **사**
  - (겉뜻) 아침에 세 개, 저녁에 네 개라는 뜻.
  - (속뜻) 간사한 꾀로 남을 속여 희롱함을 이르는 말.
  - 비슷한 말: 눈 가리고 아웅

중국 송나라에 원숭이를 아주 좋아하는 저공이라는 사람이 살았어요. 처음에는 원숭이를 한 마리만 키웠지만 그 수가 점점 더 늘어났지요. 그러자 사람들이 물어보았어요.

"원숭이 먹일 도토리 값이 만만치 않을 텐데, 힘들지 않소?"

"나는 원숭이를 가족으로 생각하기 때문에 돈이 아깝지 않소."

저공은 원숭이를 정말 아끼고 사랑했어요.

그런데 저공은 벌이가 시원치 않아 형편이 어려워졌어요. 당연히 원숭이들에게 줄 도토리도 부족해졌지요.

고민하던 저공은 원숭이들에게 솔직히 말했어요.

"도토리를 아침에는 세 개, 저녁에는 네 개를 주마. 괜찮지?"

이 말을 듣자마자 원숭이들은 마구 소리를 질렀어요. 저공은 크게 당황했지만, 이내 침착하게 생각하고 말을 바꾸었습니다.

"알았다. 내 생각이 짧았구나. 그럼 아침에 네 개, 저녁에 세 개는 어떠냐?"

원숭이들은 이리저리 뛰어다니며 매우 기뻐했어요. 하루에 먹을 수 있는 도토리의 수는 똑같이 일곱 개인데, '아침에 네 개'라는 말에 먹이가 늘어났다고 착각했거든요.

이 이야기를 전해 들은 사람들은 간사한 꾀로 남을 희롱할 때 또는 눈앞에 보이는 차이만 알고 결과가 같은 것은 모르는 어리석은 상황을 비유할 때 '조삼모사'를 쓰게 되었답니다. 아침 조(朝), 석 삼(三), 저물 모(暮), 넉 사(四) 자를 쓰지요.

오리무중 (五里霧中)

어떤 일에 대하여 방향이나 갈피를 잡을 수 없음

- 오리무중: 五 다섯 **오** | 里 마을 **리** | 霧 안개 **무** | 中 가운데 **중**

겉뜻 오 리나 되는 짙은 안개 속에 있음.
속뜻 무슨 일과 관련해 방향이나 갈피를 잡을 수 없음.
예문 범인의 행방이 오리무중이다.

비슷한 말: 미궁에 빠지다
뜻 사건, 문제 따위가 얽혀서 쉽게 해결하기 힘든 상태가 되다.

옛날 중국 후한에 장해라는 사람이 살았어요. 장해는 학문과 인품이 뛰어나서 많은 사람들에게 존경을 받았어요.

"부디 저희에게 가르침을 주십시오."

"어떻게 사는 것이 바르게 사는 것입니까?"

장해의 집 앞은 배움을 청하는 사람들로 언제나 북적였어요.

후한의 왕 또한 장해를 곁에 두고 싶어 했어요.

"폐하께서 그대에게 벼슬을 주고자 하십니다."

"성은이 망극하옵니다. 그러나 저는 몸이 약해서 벼슬에 오를 수 없습니다."

벼슬이 싫었던 장해는 이 핑계 저 핑계로 거절하다가 고향에서 살기로 마음먹었어요. 그러자 수많은 사람들이 따라와 고향집 앞에 줄을 서는 바람에 그는 외출하기조차 어려울 지경이었어요.

"오늘도 오리무를 만들어야겠구나."

장해는 도술 실력도 뛰어났기 때문에 짙은 안개가 오 리나 퍼지는 '오리무'를 쉽게 만들 수 있었지요. 그는 종종 자기 모습을 짙은 안개 속에 숨긴 채 돌아다니곤 했답니다.

하루는 안개가 삼 리까지 퍼지게 할 줄 아는 사람이 오리무 만드는 법을 배우려고 찾아오자, 장해는 귀찮아서 몸을 피하고 만나 주지 않았어요. 그 사람은 장해가 만들어 놓은 오리무 속을 한없이 헤매야 했지요.

그 뒤로 방향을 잡지 못하고 헤매거나 어떤 사건의 해결점이 보이지 않을 때 다섯 오(五), 마을 리(里), 안개 무(霧), 가운데 중(中) 자를 써서 '오리무중'이라고 표현하게 됐어요.

지음 知音

마음이 서로 통하는 친한 벗

- **지음**: 知 알 지 | 音 소리 음

뜻① 음악의 곡조를 잘 앎.
뜻② 새나 짐승의 울음을 가려 잘 알아들음.
뜻③ 마음이 서로 통하는 친한 벗을 비유적으로 이르는 말.
(예문) 내 곁에 단 한 명의 지음이라도 있다면 행복한 일이다.

관련 고사성어: 백아절현(伯牙絶絃)
뜻 백아가 친구인 종자기가 죽자 슬픔에 겨워 거문고 줄을 끊어 버렸다는 말로, 자기를 알아주는 참다운 벗의 죽음을 슬퍼한다는 뜻.

아주 먼 옛날, 중국 춘추 전국 시대에 거문고를 기가 막히게 잘 타는 백아라는 사람이 살았어요.

"당신의 거문고 솜씨는 정말 훌륭하오!"

"이 소리는 평생 잊을 수 없을 겁니다."

그러나 아무리 많은 사람들이 칭찬해도 백아는 친구인 종자기가 옆에 있을 때 가장 행복하고 최고의 연주를 할 수 있었어요. 거문고 소리에 실린 백아의 생각을 오직 종자기만 알아챘지요.

"대나무가 우거진 깊은 숲에 바람이 스치는 소리로군."

"폭포 아래에서 학이 춤추는 광경이 떠오른다네."

종자기의 말을 들을 때마다 백아는 더욱 아름다운 광경을 상상하며 거문고를 연주했어요.

둘의 우정이 나날이 깊어 가던 어느 날, 종자기가 갑자기 세상을 떠났어요. 백아는 슬픔에 못 이겨 눈물을 흘리며 거문고의 줄을 끊어 버렸지요. 사람들이 말려도 소용없었어요.

"나는 앞으로 거문고를 타지 않을 것이다. 내 음악을 알아주던 친구가 이 세상에 없는데 무슨 기쁨을 느낄 수 있단 말인가."

백아는 평생 종자기를 그리워하다 세상을 떠나고 말았답니다.

그 후로 백아와 종자기처럼 서로 마음이 통하는 친한 벗을 '지음'이라고 이르게 되었어요. 알 지(知)에 소리 음(音) 자를 쓰지요.

계륵

그다지 큰 쓸모는 없지만 버리기에는 아까운 것

- 계륵 : 鷄 닭 계 | 肋 갈빗대 륵

(겉뜻) 닭의 갈비.
(속뜻) 그다지 큰 소용은 없지만 버리기에는 아까운 것을 이르는 말.
(예문) 이 선물은 썩 마음에 들지는 않지만 버리기에는 아까운 계륵이다.

비슷한 속담 : 저 먹자니 싫고 남 주자니 아깝다.

위나라의 왕 조조가 한중이라는 지방을 차지하기 위해 촉나라의 유비와 전쟁을 벌일 때였어요. 조조의 군사들은 손가락조차 까딱하기 힘들 정도로 배고픔에 지쳐 있었어요.

"아직도 식량이 도착하지 않은 게냐?"

"폐하, 길이란 길이 모조리 막혀 버려 식량이 여기까지 들어올 수 없다고 하옵니다."

"이건 틀림없이 제갈량의 농간일 것이다. 괘씸한 놈 같으니!"

유비의 작전 참모인 제갈량은 중국에서 가장 뛰어난 전략가였어요. 조조의 군사들과 직접 싸우는 것보다 식량 보급로를 막아 버리는 편이 더 효과적이라고 판단한 거지요.

"폐하, 이대로 가다간 우리 병사들이 굶어 죽게 생겼습니다."

부하의 말에 조조는 한탄하며 소리쳤어요.

"아, 한중이 계륵이로구나!"

이 말을 듣자마자 부하 장군 양수가 짐을 꾸리기 시작했어요.

"장군님, 왜 짐을 꾸리십니까?"

"계륵은 '닭갈비'다. 먹으려고 해도 먹을 게 없고, 그렇다고 버리기엔 아깝지. 지금 폐하께서 한중을 계륵으로 여기고 계시니, 곧 철수하라는 명령을 내리실 것이다."

이튿날, 양수의 말대로 조조는 한중에서 철수하라는 명령을 내렸습니다.

그 뒤로 사람들은 큰 가치는 없지만 버리기에는 아까운 것을 일컬어 닭 계(鷄)에 갈빗대 륵(肋) 자를 써서 '계륵'이라고 했어요.

파경 破鏡

부부가 헤어지는 것

- **파경**: 破 깨뜨릴 **파** | 鏡 거울 **경**

뜻① 깨어진 거울.
뜻② 부부가 헤어지는 것을 비유적으로 이르는 말.
예문 그 부부는 성격 차이로 파경을 맞았다.

비슷한 말: 파탄(破綻)
뜻 찢어져 터진다는 뜻으로, 일이나 계획 따위가 원만하게 진행되지 못하고 중간에 어긋나는 것.

옛날 중국 남진에 서덕언이라는 사람이 아름다운 아내와 함께 살고 있었어요. 서덕언은 아내를 진심으로 사랑했고, 아내는 남편을 존경했지요.

그러던 어느 날, 남진과 수나라가 전쟁을 벌여 서덕언은 전쟁터로 나가게 됐어요. 서덕언은 홀로 남는 아내가 걱정되어 고민한 끝에 거울을 두 조각으로 갈라 한쪽을 아내에게 주었지요.

"부인, 이 거울 조각을 잘 간직하시오. 그리고 내년 정월 보름날, 이것을 시장에서 팔고 있으면 내가 꼭 찾아가겠소."

안타깝게도 전쟁이 수나라의 승리로 끝나면서 남진은 멸망하고 말았어요. 서덕언은 고생 끝에 간신히 남진 땅으로 돌아올 수 있었지요. 정월 보름이 되자 서덕언은 약속대로 시장에 갔어요. 그런데 거울 조각을 파는 사람은 아내가 아니라 어떤 노파였어요.

"이 거울 조각의 주인은 어디 있습니까?"

"수나라 귀족 양소의 노예가 되었다오. 당신이 오늘 꼭 시장에 올 거라면서 나한테 거울 조각을 팔라고 하더군요."

서덕언은 "거울은 돌아왔는데 사람은 돌아오지 않았구나."라고 편지에 적어 아내에게 보냈어요. 아내는 그 편지를 보고 서럽게 울었어요. 노예 신분으로는 남편에게 돌아갈 수 없었기 때문이에요. 이 모습을 본 양소는 두 사람의 사랑에 감동하여 서덕언의 아내를 돌려보내 줬어요. 다시 만난 두 사람은 오래오래 행복하게 살았답니다.

깨뜨릴 파(破)에 거울 경(鏡) 자를 쓰는 '파경'은 '깨어진 거울'이라는 뜻이에요. 부부가 헤어지는 것을 비유적으로 이르는 말이지요.

완벽

결함이 없이 완전함

- 완벽 : 完 완전할 완 | 璧 옥 벽
- (겉뜻) 흠이 없는 옥(구슬).
- (속뜻) 결함이 없이 완전함.
- (예문) 그 사람은 완벽에 가까운 기술을 뽐냈다.

중국 조나라의 혜문왕에게는 화씨지벽이라는 귀한 구슬이 있었어요. 화씨지벽은 누구나 갖고 싶어 하는 귀한 보물이었지요.

진나라 소양왕도 화씨지벽이 너무 탐났어요.

"성 열다섯 채를 줄 테니 화씨지벽과 바꿉시다."

혜문왕은 소양왕이 성을 주겠다는 것은 말뿐이고, 구슬만 빼앗으려 한다는 것을 바로 눈치챘어요. 그렇지만 구슬을 보내지 않으면 전쟁이 일어날 수 있었지요. 그래서 지혜로운 신하 인상여에게 화씨지벽을 들려 진나라로 보냈어요.

예상대로 혜문왕은 화씨지벽을 받고도 성을 내주지 않았어요. 그러자 인상여는 이렇게 말했어요.

"사실 그 화씨지벽에는 흠이 있습니다. 저에게 다시 주시면 어디에 흠이 있는지 알려 드리겠습니다."

화씨지벽을 건네받은 인상여는 구슬을 높이 쳐들고 소리쳤어요.

"약속한 대로 성 열다섯 채를 주시지 않는다면 이 구슬을 던져 버릴 겁니다!"

"저런, 저런! 가만 좀 있거라. 성을 줄 테니 가만있어!"

소양왕은 당황해서 어쩔 줄 몰랐어요.

그날 밤, 인상여는 화씨지벽을 몰래 빼돌려 조나라로 돌려보냈어요. 조나라 사람들은 화씨지벽이 흠 하나 없이 돌아온 것을 두고 완전할 완(完)에 옥 벽(璧) 자를 써서 '완벽'이라고 일컬었지요. 그 뒤로 사람들은 어떤 일을 완전하게 잘하거나 모양이나 쓰임새에 아무 문제가 없을 때 '완벽'이라는 말을 사용하게 되었답니다.

일거양득 一擧兩得

한 가지 일을 하여 두 가지 이익을 얻음

- **일거양득**: 一 한 **일** | 擧 들 **거** | 兩 두 **양** | 得 얻을 **득**

(뜻) 한 가지 일을 하여 두 가지 이익을 얻음.
(예문) 분리수거를 하면 쓰레기를 줄이고 환경을 보호할 수 있으니 일거양득이지.

비슷한 속담: 꿩 먹고 알 먹고

천하장사 변장자는 사냥을 잘했어요. 어느 날 변장자는 두메산골을 지나다가 밤이 되어 주막에서 하룻밤 묵게 되었지요.

밤이 깊었을 때, 밖에서 사람들의 비명이 들려왔어요.

"으아악! 사람 살려!"

변장자가 깜짝 놀라 밖을 내다보니, 호랑이 두 마리가 소 한 마리를 물고 산으로 달려가고 있었어요.

"이런 일이 자주 있느냐?"

변장자가 묻자 주막집 아이가 부들부들 떨며 말했어요.

"요즘 들어 호랑이 두 마리가 밤마다 나타납니다."

변장자는 호랑이를 잡아야겠다며 활과 화살을 챙기고 밖으로 나가려 했어요. 그러자 주막집 아이가 황급히 말렸어요.

"호랑이들이 싸우다 지칠 때까지 기다리십시오!"

"저놈들이 왜 싸운단 말이냐?"

"소를 한 마리만 잡아갔으니 서로 먹겠다고 싸울 겁니다. 그러다 두 놈 다 크게 다칠 것이니, 그때까지만 기다리면 한 번에 모두 잡을 수 있을 겁니다."

"옳지, 그러면 일거양득이겠구나!"

변장자와 주막집 아이가 뒤를 따라가 보니 과연 호랑이 두 마리가 으르렁대며 싸우고 있었어요. 이윽고 한 마리가 쓰러지고 다른 호랑이도 지쳐 휘청거리자 변장자는 활을 쏘았어요. 호랑이는 그대로 숨이 끊어졌지요.

이처럼 한 번에 두 가지 이익을 얻은 경우를 '일거양득'이라고 해요. 한 일(一), 들 거(擧), 두 량(兩), 얻을 득(得) 자를 쓰지요.

군계일학 群鷄一鶴

많은 사람 가운데 가장 뛰어난 인물

- **군계일학**: 群 무리 **군** | 鷄 닭 **계** | 一 한 **일** | 鶴 학 **학**

(겉뜻) 닭의 무리 가운데 한 마리 학이라는 뜻.
(속뜻) 많은 사람 중에서 가장 뛰어난 인물.
(예문) 수많은 군중 속에 있으니 그가 군계일학으로 보였다.

비슷한 말: 발군(拔群)
(뜻) 여럿 가운데에서 특별히 뛰어남.
(예문) 그 선수는 발군의 실력을 보였다.

중국의 위진 남북조 시대는 수많은 나라가 세워졌다가 멸망하기를 거듭하여 몹시 혼란스러운 시대였어요. 이때 죽림칠현이라고 불렸던 일곱 명의 친구들은 대나무 숲에 들어가 몸을 숨기고 있다가 세상이 평화로워졌을 때 벼슬에 올랐지요.

그런데 그중 혜강이라는 사람이 억울한 누명을 쓰고 일찍 세상을 떠났어요. 그러자 친구 산도와 왕융은 혜강의 아들 혜소를 황제에게 추천했어요.

"폐하, 앞으로 나라를 위해 큰일을 할 인재가 있사옵니다."

"그래? 대체 누구인가?"

"혜강의 아들 혜소입니다."

"혜강이라면 나라에 큰 죄를 지은 죄인 아닌가?"

"아비의 죄 때문에 총명한 혜소가 기회를 잃는 것은 안타까운 일입니다. 부디 혜소에게 기회를 주시옵소서."

평소 산도와 왕융을 신임한 황제는 혜소에게 높은 벼슬을 내렸고, 수도인 낙양까지 혜소가 무사히 올 수 있도록 군사와 말을 보냈어요. 그 행렬이 얼마나 멋졌는지, 백성들이 너도나도 혜소를 보려고 몰려들었어요.

"오! 저 청년은 정말 당당하고 멋져 보이네!"

"마치 닭 무리 속에 서 있는 한 마리 학처럼 눈에 확 띄는군."

그 후, 사람들은 많은 사람 중에서 유난히 돋보이는 사람을 '군계일학'이라고 일컬었답니다. 무리 군(群), 닭 계(鷄), 한 일(一), 학 학(鶴) 자를 쓰는 이 말은 '닭 무리 속의 한 마리 학'이라는 뜻이에요.

인산인해 人山人海

사람이 헤아릴 수 없을 정도로 많이 모인 상태

- **인산인해**: 人 사람 **인** | 山 메 **산** | 人 사람 **인** | 海 바다 **해**
- (겉뜻) 사람이 산을 이루고 바다를 이룸.
- (속뜻) 사람이 수없이 많이 모인 상태.
- (예문) 법원 앞은 시위하는 사람들로 인산인해를 이루었다.

비슷한 말: 인파(人波)
(뜻) 사람의 물결이라는 뜻으로, 수많은 사람을 이르는 말.

612년, 중국 수나라의 황제인 양제가 113만 대군을 이끌고 고구려를 침략했어요. 그러나 고구려의 요동성은 꿈쩍하지 않았어요. 초조해진 수양제는 수나라 최고의 장군 우중문에게 명령했어요.

"30만 별동대를 이끌고 평양성으로 가서 고구려를 멸망시켜라!"

약 열흘 뒤, 평양성을 지키고 있던 고구려의 을지문덕 장군은 끝없이 밀려오는 수나라 병사들을 보고 큰 위기감을 느꼈어요. 사람으로 산과 강을 이룰 만큼 '인산인해'였기 때문이지요.

그러나 을지문덕은 침착하게 살수(청천강의 옛 이름)에 둑을 쌓아 물을 가두라고 부하들에게 명령했어요. 그러고는 둑이 완성될 때까지 시간을 벌기 위해 홀로 적진으로 들어갔지요.

우중문을 만난 을지문덕은 당신의 능력이 대단하여 벌써 이긴 전쟁이나 다름없으니 전쟁을 멈춰 달라고 했어요. 기분이 좋아진 우중문은 수양제에게 고구려를 멸망시키지 말고 신하의 나라로 삼으면 어떻겠냐는 편지를 보냈습니다.

수양제는 크게 화를 내며 당장 평양성을 공격하라는 답장을 보냈어요. 하지만 그때 고구려는 이미 둑을 완성한 뒤였지요.

을지문덕은 수나라 군대를 살수 쪽으로 유인했어요. 우중문의 30만 대군이 살수에 다다른 순간, 둑이 터지면서 물이 콸콸 쏟아졌어요. 수나라 군대는 겨우 3천 명 정도만 목숨을 건졌지요.

이 전투가 바로 살수대첩이에요. '인산인해'를 이룬 수나라 대군을 물리친 자랑스러운 역사죠. 수나라 대군처럼 사람이 산을 이루고 바다를 이룬 듯이 아주 많이 모인 상태를 사람 인(人), 메 산(山), 사람 인(人), 바다 해(海) 자를 써서 '인산인해'라고 해요.

상전벽해 桑田碧海

세상일의 변화가 심함

- **상전벽해**: 桑 뽕나무 **상** | 田 밭 **전** | 碧 푸를 **벽** | 海 바다 **해**

(겉뜻) 뽕나무밭이 변해 푸른 바다가 됨.
(속뜻) 세상일의 변화가 심한 것을 비유적으로 이르는 말.
(예문) 상전벽해라더니, 고향 마을이 그동안 이렇게 변했구나!

비슷한 말: 변화무쌍(變化無雙)
(뜻) 변하는 정도가 견줄 수 없을 만큼 심함.

왕방평은 나이가 2만 살이 넘은 신선이었어요. 하루는 인간 세상을 구경하다가 채경이라는 청년과 친구가 됐지요. 채경이 자신을 신선 세계에 꼭 데려가 달라고 부탁하자, 왕방평은 소맷자락 안에 채경을 숨기고 마고 선녀를 만나러 갔어요.

마고 선녀는 왕방평을 보고 공손히 인사하며 말했어요.

"제가 신선님을 안 뒤로 동해가 뽕나무 밭이 되는 것을 세 번이나 보았습니다. 그런데 지난 2천 년 동안 남해 아래에서 땅이 점점 솟아오르는 게 보이더군요. 이대로라면 지진이 날 듯합니다."

"천 년 뒤에는 큰 지진이 나고 남해가 평평한 땅으로 변할 걸세."

"그때 많은 생명을 구하고 싶습니다."

그러자 왕방평이 빙긋 웃었어요.

"알겠네. 그때가 되면 반드시 도와주지. 그나저나 인간 세상에 무얼 두고 왔지 뭔가. 얼른 다녀오겠네."

인간 세상으로 간 왕방평은 소매 속에서 채경을 꺼내 땅 위에 내려놓았어요.

"자네가 신선 세계에 잠시 머무르는 동안 인간 세상에서는 벌써 한 달이 지났다네. 얼른 집으로 돌아가게."

"동해가 세 번이나 뽕나무 밭이 되었고, 천 년 뒤에는 남해에서 지진이 난다니! 인간과 신선의 시간은 정말 너무 다르군요."

집으로 돌아온 채경은 이 모든 일을 사람들에게 이야기해 주었어요. 그 뒤로 세상이 몰라볼 만큼 달라졌다는 의미로 뽕나무 상(桑), 밭 전(田), 푸를 벽(碧), 바다 해(海) 자를 써서 '상전벽해'라는 말을 사용하게 되었답니다.

무릉도원

武陵桃源

'이상향'을 비유적으로 이르는 말

- **무릉도원**: 武 굳셀 무 | 陵 언덕 릉 | 桃 복숭아나무 도 | 源 근원 원
- (겉뜻) 무릉에 있다고 알려진, 복숭아꽃이 활짝 핀 아름다운 세계.
- (속뜻) '이상향', '별천지'를 비유적으로 이르는 말.
- 비슷한 말: 별천지(別天地)
  - (뜻) 특별히 경치가 좋거나 분위기가 좋은 곳.

옛날 '무릉'이라는 곳에 한 어부가 살았어요. 어느 날 어부는 항상 다니던 길에 작은 산 하나가 솟은 것을 알아차렸어요.

"이상하다? 저기에 산이 있었던가?"

그때, 향긋한 복숭아꽃 향기가 기분 좋게 퍼져 왔어요.

"저 산에 복숭아나무가 있나 보군."

향기를 따라 산속으로 가 보니 작은 동굴이 나타났어요. 조금 겁이 나긴 했지만 조심조심 동굴 안으로 들어가자 어떤 마을이 나왔지요. 마을은 연분홍빛 복숭아꽃으로 물들어 있었어요. 그 풍경이 매우 아름다워 어부는 크게 감탄했어요.

마을 사람들은 어부를 발견하고 무척 반가워하면서 맛있는 음식을 대접했어요. 그들은 아주 먼 옛날에 자신들의 조상이 전쟁을 피해 숨어 들어온 뒤로 지금까지 이곳에서 살게 되었다고 했어요.

"우리는 아주 행복하게 지내지만 바깥세상에서 무슨 일이 벌어지고 있는지 아무것도 모릅니다."

"세상 이야기 좀 해 주세요."

마을 사람들은 어부가 들려주는 이야기에 흠뻑 빠져 시간 가는 줄 몰랐어요. 그래서 어부가 집으로 돌아가려 하자, 마을 사람들은 꼭 다시 찾아오라고 신신당부했습니다.

"아, 정말 좋은 곳이네! 다음에 또 와야지."

그러나 동굴을 나온 순간, 어부는 깜짝 놀랐어요. 조금 전에 빠져나온 작은 동굴 입구가 사라져 버렸기 때문이에요. 그 후로 세상과 동떨어진 아름답고 새로운 장소를 굳셀 무(武), 언덕 릉(陵), 복숭아나무 도(桃), 근원 원(源) 자를 써서 '무릉도원'이라 부르게 되었어요.

찾아보기

가정맹어호 28
각주구검 68
감언이설 104
감탄고토 48
개과천선 84
견물생심 70
결초보은 42
계륵 142
공수래공수거 30
과유불급 74
군계일학 150

난공불락 96
노익장 98

다다익선 56

단장 10
대기만성 16
도원결의 44
동병상련 26
동상이몽 20
두문불출 36

맹모삼천 62
면목 52
모순 8
무릉도원 156
무용지물 76

배수진 94
배은망덕 126
백문불여일견 64
백미 54

삼고초려 46
상전벽해 154
새옹지마 18
설상가상 24
소탐대실 14
수수방관 128
시시비비 12

아전인수 120
안하무인 110
어부지리 66
역지사지 72
오리무중 138
오십보백보 22
오월동주 124
와신상담 88
완벽 146
외유내강 114

용두사미 100
우공이산 86
인면수심 122
인산인해 152
일거양득 148
일편단심 34
임전무퇴 90
입신양명 82

파경 144
표리부동 106
풍전등화 50

함흥차사 38
형설지공 80
화룡점정 134
환골탈태 116
후안무치 118

자화자찬 112
적반하장 108
조삼모사 136
지록위마 130
지음 140
지피지기 백전백승 92

칠종칠금 58
토사구팽 40

참고 문헌

『고사성어 따라잡기』, 구인환, 신원문화사, 2002년
『고사성어랑 일촌 맺기』, 기획집단 MOIM, 서해문집, 2016년
『고사성어 춘추 전국 이야기』, 김은중, 청아출판사, 2023년
『누구나 한번쯤 읽어야 할 고사성어』, 미리내공방, 정민미디어, 2024년
『살아 있는 한자 교과서』, 정민 외, 휴머니스트, 2011년
『알아두면 잘난 척하기 딱 좋은 우리말 어원사전』, 이재운·박소연, 노마드, 2018년
『국어 어원사전』, 김무림, 지식과교양, 2020년
『우리말 어원 사전』, 조항범, 태학사, 2022년
『우리말의 뿌리를 찾아서』, 백문식, 삼광출판사, 2006년

참고 자료

국립국어원, 『표준국어대사전』
네이버, 「네이버 한자사전」

읽다 보면 문해력이 저절로
그래서 이런 고사성어가 생겼대요

초판 1쇄 발행 2024년 6월 3일
초판 4쇄 발행 2025년 11월 14일

글쓴이 우리누리 | **그린이** 이경석

발행인 이종원 | **발행처** (주)길벗스쿨 | **출판사 등록일** 2025년 5월 28일
주소 서울시 마포구 월드컵로 10길 56(서교동) | **대표전화** 02)332-0931 | **팩스** 02)322-3895
홈페이지 school.gilbut.co.kr | **이메일** gilbut@gilbut.co.kr
기획 및 책임편집 김언수 | **제작** 이준호, 손일순, 이진혁
마케팅 양정길, 지하영, 김령희 | **영업유통** 진창섭 | **영업관리** 정경화 | **독자지원** 윤정아
CTP출력 및 인쇄 상지사피앤비 | **제본** 상지사피앤비
디자인 양×호랭 DESIGN | **교정교열** 김미경

잘못 만든 책은 구입한 서점에서 바꿔 드립니다.
이 책은 저작권법에 따라 보호받는 저작물이므로 무단전재와 무단복제를 금합니다.
이 책의 전부 또는 일부를 이용하려면 반드시 사전에 저작권자와 (주)길벗스쿨의 서면 동의를 받아야 합니다.

ⓒ우리누리, 이경석

ISBN 979-11-6406-758-9(73710) (길벗스쿨 도서번호 200382)

	제품명: 그래서 이런 고사성어가 생겼대요	**주소:** 서울시 마포구 월드컵로 10길 56(서교동)
	제조사명: (주)길벗스쿨	**전화번호:** 02-332-0931
	제조국명: 대한민국	**제조년월:** 판권에 별도 표기
	사용연령: 8세 이상	KC마크는 이 제품이 공통안전기준에 적합하였음을 의미합니다.